Bruno Bandulet

Tatort Brüssel

Bruno Bandulet

Tatort Brüssel

Das Geld,
die Macht,
die Bürokraten

WIRTSCHAFTSVERLAG LANGEN MÜLLER / HERBIG

Bildnachweis: dpa

© 1999 by Wirtschaftsverlag Langen Müller / Herbig in der
F. A. Herbig Verlagsbuchhandlung GmbH, München
Alle Rechte vorbehalten
Schutzumschlag: Wolfgang Heinzel
Satz: Fotosatz Völkl, Puchheim
Druck: Jos. C. Huber KG, Dießen
Binden: R. Oldenbourg, München
Printed in Germany
ISBN 3-7833-7399-7

Inhalt

TEIL 1

INSIDE BRÜSSEL

Der Skandal

Am Donnerstag, dem 14. Januar 1999, machte das Europäische Parlament in Straßburg zum ersten Mal seit seiner Gründung vor 20 Jahren Geschichte – Skandalgeschichte.

Die Ereignisse, die an diesem Wintertag von den oft belächelten Parlamentariern in Gang gesetzt wurden, sollten das Haus Europa in seinen Grundfesten erschüttern.

Verhandelt wurde, auch dies ein Novum in über 40 Jahren europäischer Integration, ein Mißtrauensantrag gegen Europas heimliche Regierung, die Kommission in Brüssel.

Da saßen die 20 Kommissare – den Kopfhörer aufgesetzt, eng gedrängt und mit steinernen Gesichtern – wie arme Sünder auf der Regierungsbank im Straßburger Plenarsaal und hörten sich an, was die Vertreter eines imaginären europäischen Volkes gegen sie vorzutragen hatten:

Jacques Santer, der harmlose Luxemburger mit der stets rosigen Gesichtsfarbe, den die europäischen Regierungen zum Präsidenten der Kommission berufen hatten, weil sie in ihm den kleinsten gemeinsamen Nenner suchten und fanden. Jetzt stellte sich heraus, daß er nie genau gewußt hatte, was in seiner Behörde vor sich ging.

Sir Leon Brittan, der hochintelligente Kommissar aus Großbritannien, und sein Landsmann Neil Kinnock, der in London gemeinhin als zweite Wahl gilt.

Martin Bangemann aus Deutschland, der sich einmal in Danzig seinen Dienstwagen klauen ließ, als er in privaten Angelegenheiten unterwegs war und sich um sein schönes Segelboot kümmern wollte. Nach Meinung von Brüsseler Insidern ein ziemlich fauler Kommissar, der aber gerade deswegen weniger Schaden als mancher seiner Kollegen anrichtete.

Dann seine deutsche Landsmännin Monika Wulf-Mathies, früher Chefin der Gewerkschaft ÖTV, wo sie die Finanzen in heillosem Zustand hinterlassen hatte, bis sie nach Brüssel ging, um dort mit unermüdlicher Energie Milliardenbeträge in ganz Europa unter die Leute zu bringen. Die Dame mit dem gefrorenen Lächeln.

Der österreichische Agrarkommissar Franz Fischler, der in einem von Lappland bis Sizilien, vom Tejo bis an die Oder reichenden Großraum eine Planwirtschaft fast nach sowjetischem Vorbild verwaltet. In seinem Ressort wird die Hälfte des EU-Haushaltes umgesetzt, ohne daß das Bauernsterben ein Ende nimmt.

Die radikal-linke Emma Bonino aus Italien, unter anderem verantwortlich für die schlimme Fischereipolitik der EG.

Die bärtigen Südländer Manuel Marín aus Spanien, Christos Papoutsis aus Griechenland und Joao de Deus Pinheiro aus Portugal, Vertreter des Club Med, die das Faß ohne Boden erfunden haben.

Der französische Währungskommissar Yves Thibault de Silguy, der mit kaltem Sachverstand die Beerdigung der nationalen Währungen überwachte und das Großprojekt Euro, im Interesse der französischen Elite, auf den Weg brachte.

Die Kommissare aus den Niederlanden und Skandinavien, wo Korruption und Nepotismus immer noch nicht als Kavaliersdelikt eingestuft werden.

Und schließlich Edith Cresson, die verfolgte Unschuld, die noch im Januar die Kommission durch einen Rücktritt hätte retten können, die aber trotz haarsträubender Amtsführung bis zuletzt die Rückendeckung aus Paris genoß.

Das Parlament, ein Papiertiger

Die selbstherrlichen Kommissare: auf der Anklagebank. Europas heimliche, unheimliche Regierung. Ein fürstlich entlohntes Komitee von Bürokraten, die kaum jemand in Europa kannte, die nie jemand richtig kontrollierte und die dennoch tagtäglich mit unzähligen Direktiven, Verordnungen und Verwaltungsakten in das Leben von 370 Millionen Europäern eingriffen.

Nie wurde in Europa soviel Macht so anonym ausgeübt. Und am Ende dieser historischen Straßburger Plenarsitzung vom 14. Januar waren sie immer noch im Amt. Das Mißtrauensvotum war gescheitert. Die Europaparlamentarier hatten sich, wie die *taz* schrieb, als »Papiertiger« entpuppt.[1]

»Nie, seit sich die Wasser vom Antlitz der Erde zurückzogen«, schrieb Boris Johnson im *Daily Telegraph*, »sah Straßburg eine solche Ansammlung rückgratloser Lebensformen.«[2] Als die Abgeordneten ihre Abstimmungsknöpfe betätigt und obendrein auch noch, als säßen sie in einem römischen Zirkus, die Daumen gehoben oder gesenkt hatten, stellte sich heraus, daß nur 232 für den Sturz der Kommission votiert hatten. Das waren 232 von 552 Stimmen beziehungsweise, wenn das Plenum wenigstens an diesem Tag vollzählig gewesen wäre, von insgesamt 626 Abgeordneten, die in Straßburg ihre Wähler zum Wohle Europas vertreten.

Zum Sturz der Kommission wäre aber eine Zweidrittelmehrheit nötig gewesen. Diese zusammenzubekommen, war von vornherein aussichtslos.

Dabei gab es am 14. Januar in Straßburg durchaus Männer und Frauen, die Rückgrat zeigten. Die deutschen Sozialdemokraten stimmten bis auf fünf gegen die Kommission, die Abgeordneten der CDU/CSU bis auf einen. Und die Vertreter der Grünen hatten sich ohnehin um die Aufdeckung der Brüsseler Skandale besonders verdient gemacht.

Der Riß zwischen Nord und Süd

Interessant auch, daß die Abstimmung zwei Frontlinien zutage brachte: Der eine Riß verlief zwischen Nord und Süd, der andere mehr oder weniger genau zwischen den Sozialisten und den Parteien der Mitte. Die Grünen und die »Rechten« schlossen sich der Mitte an.

Im Süden Europas sah man die Dinge offenbar etwas anders als in den kühleren Regionen: Von den spanischen Abgeordneten stimmten nur 4%, von den italienischen nur 13% und von den portugiesischen nur 14% für die Abwahl der EG-Kommission.

Im Norden Europas hingegen, wo man es mit der Korruption etwas genauer nimmt, fielen die Ergebnisse ganz anders aus. Von den Schweden waren 65% für den Sturz, von den Dänen 75% und von den Deutschen sogar 93%.

Daß Großbritannien mit lediglich 26% seiner Stimmen den Rücktritt der Kommission forderte, fiel völlig aus dem Bild. Hier kam die andere, die ideologische Front ins Spiel: die zwischen Sozialisten und bürgerlichen Parteien. Wobei aber, wie bereits erwähnt, die SPD – trotz der Ermahnungen aus Bonn – ausscherte, so daß schließlich keines der 15 EU-Länder so geschlossen abstimmte wie die Europaparlamentarier aus Deutschland.

In Wahrheit war der 14. Januar kein Ruhmestag für das Parlament als Ganzes, sondern ein vorläufiger Höhepunkt undurchsichtiger Kungeleien und taktischer Spielchen, die für die Wähler kaum noch nachvollziehbar waren.

Zunächst hatten nämlich die Sozialisten unter ihrer Chefin, der britischen Expolizistin Pauline Green, den Mißtrauensantrag nur mit der Absicht eingebracht, ihn scheitern zu lassen. Sie sahen offenbar in der Kommission Verbündete im Geiste. Mit einem Antrag, der fehlschlug, wollten sie vor aller Welt deutlich machen, daß die Kommission die Rückendeckung des Parlaments genoß.

Dann schoben Grüne und Fraktionslose einen »echten« Mißtrauensantrag hinterher, dem sich plötzlich auch die deutschen Sozialdemokraten anschlossen. Die Liberalen und die britischen Konservativen blieben ohnehin bei ihrer harten Haltung.

Wie man sieht, kann europäische Politik nicht nur in Brüssel, sondern auch in Straßburg sehr byzantinisch sein.

Als am Ende statt der notwendigen zwei Drittel nicht viel mehr als ein Drittel für die Absetzung stimmte, war die Palastrevolution offensichtlich gescheitert. Die Hauptmissetäterin Edith Cresson, die auf der Regierungsbank des Parlaments den frechen Reden mit ironischer Miene gelauscht hatte, konnte sich wieder sicher fühlen.

Ein Ausschuß mit Konsequenzen

Kaum jemand ahnte damals, daß ein zusätzlicher, eher routinemäßiger Beschluß des Parlaments – ganz unbeabsichtigt – schließlich doch den Exitus der Kommission besiegeln sollte. Die Abgeordneten setzten nämlich, bei immerhin 198 Gegenstimmen, einen Ausschuß ein, der die Betrugsvorwürfe untersuchen sollte.

Ausschüsse werden aber von Politikern in der Regel zu dem Zweck berufen, ein Problem zu vertagen, eine Kontroverse versickern zu lassen.

Daß dieser Ausschuß – es handelte sich um die fünf unabhängigen Sachverständigen – sich als Wahrheitskomitee begreifen und daß er im März die hochmögende Kommission zu Fall bringen würde, war im Januar nicht vorauszusehen.

Das Parlament als Ganzes hatte kein Recht, sich diese Trophäe an den Hut zu stecken. Das Parlament wollte die Kommission nicht stürzen. Es half nur mit, eine Abfolge von Ereignissen in Gang zu setzen, die dem Santer-Kommissariat schließlich zum Verhängnis wurden.

Eine der nichtvorhersehbaren Konsequenzen des Skandals, der im März mit dem kollektiven Rücktritt der Kommissare einen vorläufigen Höhepunkt erreichte, war es dennoch, daß die Stellung des Straßburger Parlaments gestärkt wurde. Aber es würde ja ohnehin mit dem Inkrafttreten des Amsterdamer Vertrages, durch den der Maastrichter Vertrag fortgeschrieben und erweitert wurde, mehr Rechte bekommen.

Wozu dieses in Zukunft nutzen wird, ist eine ganz andere Frage. Immerhin hat sich das Parlament bisher immer auf die Seite des europäischen Zentralismus geschlagen. Das Parlament braucht den Zentralismus, verkörpert durch die Brüsseler Kommission, zur Rechtfertigung seiner eigenen Existenz. Die Kommission freilich begriff bisher nicht, daß sie sich vom Parlament Legitimation für sich selbst holen konnte.

Wie wir später sehen werden, sind die Mentalitäten in Brüssel und Straßburg gar nicht so verschieden: die saftigen finanziellen Privilegien, die Distanz von der öffentlichen Meinung, der unausrottbare Hang zur Umverteilung von Steuergeldern und die fixe Vorstellung, daß Europa nur bürokratisch integriert werden kann – all dies ist hier wie dort vorgegeben.

Seit sich das Parlament einen sündhaft teuren Zweitwohnsitz in Brüssel zugelegt hat, sind sich die Kontrahenten geographisch näher gekommen. Sie werden beide daran interessiert sein, daß dieses bürokratisch organisierte Europa aus dem Krisenjahr 1999 nicht geschwächt, sondern kräftiger hervorgeht – obwohl die alten Methoden und Ideologien so offenkundig gescheitert sind.

Dies wäre sicherlich ein paradoxes Resultat, aber Geschichte kann durchaus so ironisch verlaufen.

Wie auch immer, die von der Presse gerne vermittelte Frontstellung Parlament gegen Kommission wird der Entwicklung der letzten Monate nur teilweise gerecht. Daß die Kommission überhaupt stürzte, dafür sind zwei Figuren verantwortlich, die gegensätzlicher nicht sein könnten: ein kleiner, unscheinbarer Buchhalter in Brüssel namens Paul van Buitenen – er war der wirkliche Held des Dramas. Und eine gar nicht graue, sondern sehr schillernde Französin namens Edith Cresson, die die Schurkenrolle spielte.

Hätte van Buitenen nicht bereits 1998 ein hochbrisantes 34seitiges Dossier dem Parlament übergeben und dem Europäischen Rechnungshof in Luxemburg 14 Aktenordner mit weiteren belastenden Dokumenten zugesandt, dann wäre die Affäre nie ins Rollen gekommen.

Und hätte die am stärksten belastete und wirklich untragbare Kommissarin Cresson von sich aus im Januar den Hut genommen, dann wäre ihren Kollegen wohl die Schmach eines kollektiven Rücktritts erspart geblieben.

Van Buitenen, der mutige Buchhalter

Grund genug also, sich mit diesen Protagonisten etwas näher zu befassen.

Als van Buitenen sein vertrauliches Material über Betrug und Vetternwirtschaft an das Parlament weitergab, als die Fraktion der Grünen sich auf einer Pressekonferenz der Sache annahm und als das Parlament am 14. Januar umfiel und der Kommission doch wieder das Vertrauen aussprach, meinte die Korrespondentin der *taz*, der Mann habe auf das falsche Pferd gesetzt. »Verloren hat einer, von dem heute schon kaum noch die Rede ist: der Beamte van Buitenen, der Michael Kohlhaas der Euro-Verwaltung.«[3]

Die Machthaber von Brüssel rächten sich an dem Nestbeschmutzer. Sie suspendierten ihn vom Dienst, sie kürzten ihm sein B-3-Gehalt (gut 8600 Mark) um die Hälfte, sie verunglimpften ihn als »Querulanten«, als »Mann von Verfolgungswahn«. Man versuchte sogar, ihn zur bemitleidenswerten Spottfigur abzustempeln, weil er sich auf sein Gewissen berufen und angegeben hatte, als Christ zu handeln.[4]

Paul van Buitenen, mit Familie und belastet mit einer Hypothek, sah dem sozialen Abstieg ins Auge. Er hatte sich der schlimmsten denkbaren Sünde schuldig gemacht: Er hatte das Gesetz des Schweigens gebrochen.

Manfred Brunner, früher in leitender Stellung bei der Kommission, drückte es einmal so aus: »In Brüssel werden keine Gehälter bezahlt, sondern Schweigegelder.«

Daß mit dem Apparat nicht zu spaßen ist, mußte van Buitenen im Januar erfahren. Wie er dem Europaparlament mitteilte, erhielt er mehrere Telefonanrufe, in denen ihm gedroht wurde, daß er und seine Familie die Leidtragenden wären, wenn er weiterhin versuchen sollte, Mißstände in der EU-Bürokratie aufzudecken.

»Ich hatte Grund zu glauben«, erzählte er, »daß Gefahr bestand. Viele Dinge kamen zusammen. Ich erhielt Anrufe von Leuten in der Kommission, die mir empfahlen, sofort mein Haus zu verlassen.«[5]

Daß der Niederländer – selbst Mitglied einer Umweltschutzpartei – überhaupt in die Schußlinie geriet, hatte er einem peinlichen Fehler zu verdanken, der den Grünen im Europaparlament unterlief. Sie hatten nämlich beim Kopieren seiner explosiven Denkschrift vergessen, seinen Namen abzudecken. Van Buitenen selbst hatte bei der Übergabe der Papiere darum gebeten, anonym zu bleiben.

Daß jemand seinem Gewissen, noch dazu einem christlichen, folgt, liegt wahrscheinlich außerhalb der Vorstellungswelt der Eurokraten. Aber sie hatten es in diesem Fall tatsächlich mit einem Exemplar dieser seltenen Spezies zu tun.

Wenn es ein kleiner Beamter – er arbeitete in der Finanzkontrolle der Kommission – schafft, eine so mächtige Exekutive zu kippen, drängt sich schon die Frage auf, was er eigentlich für ein Mensch ist.

Aufgewachsen war van Buitenen in einem katholischen Elternhaus in Breda. Bis zum zwölften Lebensjahr betete er abends im Bett, später fiel er vom Glauben ab.

Seine Frau (auch sie heißt Edith) und er heirateten bewußt nicht kirchlich; die zwei Söhne wurden nicht getauft. Van Buitenen trat aus der Kirche aus.

Erst 1995 bekam er Kontakt zu christlichen Kollegen, deren Ausstrahlung ihn so begeisterte, daß er selbst wieder Christ wurde. Zunächst bei der pfingstkirchlichen Bewegung, dann schließlich bei der anglikanischen Gemeinde in Brüssel.

»Ich habe eine große Stütze in meinem Glauben«, sagte er, »auch im Gebet. Ohne das geht es bei mir nicht.«

Eine entscheidende Rolle scheint sein Pfarrer gespielt zu haben. Ihn konsultierte er, bevor er das heiße Material weitergab. Hätte der ihm abgeraten, hätte er wohl die Finger von der Sache gelassen. Doch der Seelsorger gab grünes Licht und der Milliardenskandal bei der EU kam ans Licht der Öffentlichkeit.[6]

»Europas mutigsten Buchhalter«, nannte ihn *Die Welt*. Für das »Gewissen der Eurokratie« hielt ihn die Hamburger *Zeit*. Er wollte weder aufgeben noch widerrufen. »Wenn die Kommission mich kleinkriegt, dann werden künftig alle schweigen.«[7]

Und es sieht ganz so aus, als werde der Niederländer in Zukunft noch mehr zu berichten haben.

Die Journalisten, die sein biederes Einfamilienhaus am Rande eines Ackers im Brüsseler Vorort Overijse belagerten, sind verschwunden. »Aber«, so verriet er nach dem Rücktritt der Kommission im März, »ich bekomme Umschläge, ich erhalte Informationen, und ich werde sie an den Europäischen Rechnungshof weiterleiten.«

»Es gibt eine Fülle von Anschuldigungen über Unregelmäßigkeiten, die noch nicht behandelt wurden. Da sind hochstehende Beamte und solche auf der unteren Ebene, die untersucht werden sollten. Es liegt noch mehr vor, das weiß ich.«[8]

Meine Frau, mein Schwager, mein Vogel

Was man sich konkret unter Brüsseler Nepotismus (auf deutsch Vettern- oder Günstlingswirtschaft) vorzustellen hat, wollen wir uns anhand konkreter Fälle einmal etwas näher anschauen.

Folgt man den Untersuchungen des Rates der Fünf Weisen, dann handelt es sich nur bei Edith Cresson um das, was die Franzosen *emplois fictifs* nennen – Anstellungen per Scheinvertrag, also Bezahlung ohne Gegenleistung.

Cresson hat in Brüssel nur praktiziert, was in Frankreich schon lange üblich ist. Sie konnte sich unschuldig fühlen. »Soll ich etwa nur Leute einstellen, die ich nicht kenne?«, antwortete sie einmal auf die Vorwürfe.

Eine andere, mildere Form des Nepotismus wurde verschiedenen Kollegen von Madame Cresson vorgeworfen:

Oriz Bru, die Frau des spanischen Kommissars Manuel Marín, wurde als Beamtin in die Besoldungsgruppe B2 eingestellt. Die unabhängigen Sachverständigen konnten hier keine Rechtswidrigkeit erkennen.

Die Frau des portugiesischen Kommissars Pinheiro, Professorin an der Universität Minho, wurde von 1993 bis 1996 als »Nationale Sachverständige« zur Kommission abgeordnet. Die Kosten wurden von portugiesischer Seite getragen; für die Kommission entstand kein Schaden.

Vieira Paisana, der Schwager von Pinheiro, wurde 1996 in dessen Kabinett aufgenommen. Das war zwar nicht ordnungswidrig, meinten die Sachverständigen. Es wäre jedoch »von Herrn Pinheiro klüger gewesen, nicht gerade seinen Schwager einzustellen«.

Und die deutsche Kommissarin Wulf-Mathies verschaffte einem alten Bekannten, einem Juristen namens Vogel, auch einen Posten. Er bearbeitete für das Kabinett der Kommissarin

Rechtsfragen im Rahmen der EG-Strukturfonds. Hier störten sich die Sachverständigen daran, daß Wulf-Mathies Vogel von der Generaldirektion XVI einstellen ließ, obwohl er in Wirklichkeit für ihr Kabinett arbeitete. Normal wäre es gewesen, wenn sie ihm selbst und direkt einen Vertrag besorgt hätte. Fragt sich, ob sie ihre Beziehung zu dem Bekannten verschleiern wollte.

Edith Cresson und ihr Zahnarzt

All diese Fälle, von denen es in Brüssel mit Sicherheit mehr gibt, sind nicht sehr schön und bewegen sich am Rande der Günstlingswirtschaft. Aber immerhin hatten diese Ehefrauen, Verwandten und Bekannten Gegenleistungen erbracht und eine normale Tätigkeit verrichtet.

Nicht so der frühere Zahnarzt Dr. Berthelot, ein langjähriger Freund von Edith Cresson. Er kassierte von der Kommission insgesamt 5,5 Millionen belgische Francs – für nichts.

Berthelot wurde als »wissenschaftlicher Besucher«, d. h. als freier Mitarbeiter, beschäftigt. Er verbrachte insgesamt 41 Tage auf EG-Kosten in der französischen Kleinstadt Châtellerault, deren Bürgermeisterin Cresson gewesen war. Im Zusammenhang mit diesem mysteriösen Aufenthalt in der schönen französischen Provinz lieferte er in Brüssel am 8. Juli 1996 einen »Vermerk« ab. Ohne Eingangsstempel und ohne die übliche Eintragungsnummer, wie die Sachverständigen eruierten.

Dieser Vermerk bildete, so formulierten es die Sachverständigen nicht ohne Ironie, den theoretischen »Höhepunkt« der von Berthelot in Châtellerault durchgeführten Arbeiten. Über den Nutzwert des Papiers für die Kommission und damit für den Fortschritt Europas urteilten die Rechnungsprüfer: »sehr verschwommen, schematisch und ohne jeden konkreten Inhalt«.

Dasselbe traf auf alle 24 Seiten »Vermerke« zu, die Berthelot im Verlauf von eineinhalb Jahren (!) gegen üppige Honorierung ablieferte.

Der frühere Zahnarzt verglich z. B. – ohne wissenschaftliche Kompetenz – die Leistungen der EU, der USA und Japans im Bereich der Biowissenschaften, entdeckte »besorgniserregende Anzeichen« bei der Investitionstätigkeit im Pharmasektor und ließ sich mit Datum vom 18.12.1995 sogar über »Aids in Thailand« aus.

Man muß ihm noch nachträglich dafür dankbar sein, daß er zu diesem Zweck keine Dienstreise nach Thailand bei der Kommission abrechnete.

Als der Druck auf die Kommissarin wuchs, zurückzutreten, sprach sie von einer »Hexenjagd«, verdächtigte abwechselnd linke und rechte Kreise und witterte schließlich eine deutsche Verschwörung zu ihrem Sturz. Grund dafür sei die Verärgerung über die hohen Beiträge Deutschlands an die EU.

Edith Cresson, alles andere als ein bürokratischer Typ, hatte schon früher, als sie die Politik in Frankreich unsicher machte, gerne ein offenes Wort riskiert. Sie bezeichnete die Japaner einmal als »gelbe Ameisen«, hielt die Engländer für überdurchschnittlich homosexuell, machte sich über der Holländer beliebtestes Nahrungsmittel als »Mäusekäse« lustig und empfahl den Deutschen, ihren Sauberkeitsfimmel nicht zu übertreiben.

Weithin vergessen ist bereits, daß Madame Cresson sogar einmal, nämlich 1991, französische Premierministerin wurde, aber nur für elf Monate. Das war ein Negativrekord für Frankreich.

Ihren politischen Aufstieg verdankte sie niemand anderem als François Mitterrand, der sie zärtlich »meine kleine Soldatin« nannte. Ein offenes Geheimnis ist es bis heute, daß sie dem Präsidenten auch als Mätresse diente. Daher ihr Spitzname in Pariser Kreisen: Madame Pompadour.

Gut für Frankreich, gut für die Familie

Weil die Franzosen im Brüsseler Apparat seit jeher den Ton angeben und weil französische EG-Kommissare (das galt selbst für den mächtigen Präsidenten Delors) regelmäßig bei ihrer Regierung in Paris Bericht erstatten, muß man immer auch *Inside Paris* denken, wenn man *Inside Brüssel* sagt. Edith Cresson hatte nämlich nichts anderes getan, als ein Stück politischer Kultur von der Seine in die Bürokratenhauptstadt Europas zu verpflanzen.

In den *cabinets* der Pariser Ministerien trifft man allenthalben auf Ehefrauen, Mätressen, Cousinen, Paten und die Kinder alter Freunde. Immer nach dem Motto: Was gut ist für Frankreich, ist auch gut für die Familie. Allgemein üblich sind auch die bereits erwähnten *emplois fictifs*, die lukrativen Scheinanstellungen.

Als Jacques Chirac noch Bürgermeister von Paris war, zahlte die Stadt an 300 Personen, die nichts taten und wirklich nur auf dem Papier in Amt und Würden waren. Gérard Colé, ein von der Air France bezahlter früherer Berater von Mitterrand verriet einmal: »Diese Praxis war im Elysée und in jedem Ministerium üblich. Jeder, der in einem *cabinet* beschäftigt und kein Beamter war, hatte Scheinverträge mit der Air France, mit Air Inter, mit der Post, der Eisenbahn, einer Bank oder einer Versicherungsgesellschaft.«[9]

In den vergangenen acht Jahren wurden in Frankreich nicht weniger als 30 Ex-Minister, darunter zwei Premierminister und sechs frühere Parteiführer, sowie über 100 Bürgermeister und Abgeordnete wegen Korruption »untersucht«, jedoch nicht formell angeklagt.

Und wenn jemand schließlich doch nicht mehr tragbar erscheint und in der Hierarchie hoch genug angesiedelt ist, läßt man ihn dennoch nicht fallen. Er wird unauffällig versetzt, bekommt vielleicht einen Botschafterposten irgendwo im Ausland oder auch ein »Pöstchen« in Brüssel, wo er weiterhin für Frankreich wirken darf.

Parlamentsausschüsse, von denen korrupte Minister zur Rechenschaft gezogen werden können, sind in Frankreich nicht vorgesehen.

Verständlich also, daß Edith Cresson alle Vorwürfe entrüstet von sich wies, sich mit ihren Vertrauten in ihrem Brüsseler Kabinett verschanzte »wie Asterix in seinem kleinen gallischen Dorf« (*Le Nouvel Observateur*) und sich im übrigen an den guten Rat ihres Mentors Mitterrand hielt: »Gib nie etwas zu. Tritt nie zurück.«

Wind des Wandels in Brüssel

Warum schließlich nicht nur sie, sondern die ganze Kommission demissionieren mußte, ist gar nicht so leicht zu erklären. Freunderlwirtschaft, Verschwendung öffentlicher Gelder und versteckte Korruption waren doch wirklich nichts Neues in Brüssel. Die Vorgänge waren dem Rechnungshof in Luxemburg, den akkreditierten Journalisten und den Vertretern der nationalen Regierungen seit vielen Jahren bekannt. Man hätte genausogut schon vor zehn Jahren derlei Skandale aufs Tapet bringen können.

Warum dauerte es so lange, bis die Situation eskalierte? Warum erst 1999?

Das britische Wirtschaftsmagazin *Economist* machte eine Reihe von Gründen dafür aus:

Erstens hätten es die Europaparlamentarier nie gewagt, sich gegen einen starken Präsidenten wie Jacques Delors zu stellen. Sie kamen erst aus der Deckung, als mit Santer ein schwacher Mann an der Spitze stand.

Zweitens erledigte Paul van Buitenen den größten Teil der Arbeit für die Abgeordneten. Ohne ihn wäre die alte Kommission wohl immer noch im Amt.

Drittens standen 1999 die Wahlen zum Europaparlament vor der Tür. Die Abgeordneten hielten es für nützlich, sich zu profilieren.

Und viertens hält es der *Economist* für möglich, daß sich in Brüssel nach dem EU-Beitritt der Skandinavier eine Art von kulturellem Wandel abzeichnet.

»Der vorherrschende moralische Wind pflegte zuverlässig aus dem warmen, nachsichtigen Süden zu blasen. Jetzt kommt er aus dem kalten Norden.« Auch die Deutschen seien kritischer gegenüber der EU geworden und begännen zu merken, daß viele der Rechnungen aus ihrem übergroßen Nettobeitrag gezahlt werden.[10]

Hoffentlich bekommt der *Economist* Recht. Wir müssen aber auch feststellen, daß die Indizien für ein Umdenken in Brüssel, für eine wirkliche Reform an Haupt und Gliedern, bislang äußerst dünn sind.

Schon am 14. März sah Santer den Bericht

Der Ablauf der Ereignisse vom Sonntag, dem 14. März, als die Kommission zum ersten Mal den Sachverständigenbericht zu Gesicht bekam, bis zum Freitag, dem 26. März, als das EU-Gipfeltreffen in Berlin mit einer Niederlage für Deutschland und Europa endete, läßt leider nur den Schluß zu, daß sich Westeuropa nach mehr als 40 Jahren überwiegend erfolgreicher Integration in eine Sackgasse manövriert hat.

Unbemerkt von den Brüsseler Journalisten, hatte der Ausschuß der Fünf Weisen bereits am 14. März – einen Tag vor der Veröffentlichung – Kommissionspräsident Santer den Bericht zu lesen gegeben.

Als die Herren an diesem Sonntag nachmittag zusammensaßen, kamen nach und nach einige der anderen Kommissare hinzu, darunter auch Edith Cresson.

Sie waren neugierig, was die Sachverständigen über sie herausgefunden hatten.

Santer selbst war gar nicht amüsiert, als er eine Stelle fand, die ihn beschuldigte, das Europäische Parlament irregeführt zu haben – und zwar in einer Betrugsangelegenheit, für die Cresson zuständig war.

Santer protestierte und konnte erreichen, daß der inkriminierende Passus aus dem Report entfernt wurde. Nach vier Stunden verabschiedeten sich die Sachverständigen. Santer muß das Gefühl gehabt haben, er und die meisten seiner Kollegen seien noch einmal glimpflich davongekommen.

Ohnehin waren die meisten größeren Skandale, die der Report auflistete, nicht völlig neu. Schon in früheren Jahren hatte sich der Rechnungshof in Luxemburg mit den Affären befassen müssen.

Z. B. hatten die Rechnungsprüfer längst herausgefunden, daß beim »Europäischen Tourismusjahr« Millionen verplempert wurden; daß ECHO, das Europäische Amt für humanitäre Hilfe, in den Jahren 1994 und 1995 zwei Milliarden Mark nicht nachweisen konnte; daß in einem Programm für Mittel- und Osteuropa – es unterstand dem Kabinettschef von Cresson – zu viel Geld für externe Berater bezahlt wurde; daß die Kommission nach dem Verbleib von 1,5 Milliarden Mark hätte forschen müssen, die zwischen 1990 und 1997 in den Staaten der ehemaligen Sowjetunion versickerten – auch das hier involvierte Hilfsprogramm für »Nukleare Sicherheit« wurde vom Cresson-Kabinett geleitet; daß beim Berufsbildungsprogramm LEONARDO Millionen durch Vetternwirtschaft verlorengingen; oder daß sich die Mitglieder des Verwaltungsrates beim milliardenschweren Hilfsprogramm MED für die Mittelmeerländer gegenseitig Aufträge zugeschanzt hatten.[11]

Solche Skandale und Skandälchen gehören seit jeher zum Brüsseler Betrieb wie die *moules* und die *frites* in den gemütlichen Bistros der Kapitale. Das alles war doch wahrhaftig kein Grund für die Kommissare, Konsequenzen zu ziehen.

Dieser Meinung waren sie selbst dann noch, als sie bereits demissioniert hatten.

Nachdem sie während des internen Treffens mit den Sachverständigen am Sonntag nachmittag den Eindruck gewonnen hatten, die Krise lasse sich beherrschen, war das Entsetzen um so größer, als der Bericht am Tag darauf um 17.00 Uhr der Öffentlichkeit übergeben wurde.

Er enthielt nämlich ein zusätzliches Kapitel, die »Abschließenden Bemerkungen« – und dieses hatten Santer und die Seinen am Sonntag nicht zu Gesicht bekommen. Die Sachverständigen hatten es erst nach der Unterredung mit den Kommissaren verfaßt.

Wahrscheinlich fiel es auch deswegen so vernichtend aus, weil sich Madame Cresson am Sonntag gegenüber den Prüfern so arrogant benommen hatte. Sie hatte jede Verfehlung ihrerseits rundweg abgestritten.

Im Schlußkapitel des Berichts, das die Kommissare erst am 15. März zu Gesicht bekamen, fand sich auf Seite 128 das verheerende Urteil, »daß sie die Kontrolle über die Verwaltung, die sie eigentlich führen müßten, verloren haben«.

Am 16. März: Geschlossener Rücktritt

Kurz nach Mitternacht, um 0.42 Uhr – es war bereits Dienstag – trat der seit 1995 amtierende Jacques Santer vor die Presse und verlas bleich und mit monotoner Stimme die sechs Zeilen lange Rücktrittserklärung aller 20 Kommissare.

Die Kommission hatte zuvor fast drei Stunden lang in der Zentrale, dem Breydel-Gebäude, beraten, bis sie sich zu ihrem Entschluß durchringen konnte.

»Tiefer Fall der hohen Behörde«, überschrieb die *Neue Zürcher Zeitung* den Bericht ihres Brüsseler Korrespondenten.

»Ist Europa noch zu retten?«, fragte *Der Spiegel* in einer Titelgeschichte.

»Alle 20 EU-Kommissare haben gelogen«, meldete *Focus*. Weniger dramatisch sah man das offenbar in den Büros von Brüssel.

»Ich kann nur sagen«, bemerkte am Tag nach dem Rücktritt ein EG-Beamter zu einem befreundeten Journalisten, »daß heute früh jeder zur Arbeit kam, aber niemand etwas getan hat. Ich nehme also an, daß es in diesem Sinne business as usual ist.«

Business as usual, so stellte es sich auch – für kurze Zeit zumindest – Jacques Santer vor. Er dachte tatsächlich, die Kommission könne doch bis zum Ablauf ihrer regulären Amtszeit Ende 1999 »kommissarisch« im Amt bleiben.

Dieser schöne Plan wurde umgehend vom deutschen und britischen Regierungschef, von Schröder und Blair, zunichte gemacht. Die britische Presse mutmaßte sogleich, eine engere deutsch-britische Zusammenarbeit könne jetzt an die Stelle der Achse Bonn-Paris treten.

Am 17. März, auf ihrer ersten geschäftsführenden Sitzung nach dem Rücktritt, machten sich die Gedemütigten noch einmal richtig Luft.

Gerhard Schröder und Tony Blair sollten »zur Hölle fahren«, fauchte die kleine Italienerin Emma Bonino. Es sei eine »unerträgliche Heuchelei«, wie die beiden den verdienten Kommissionspräsidenten Santer verächtlich machten. Um den bevorstehenden Europa-Gipfel in Berlin solle sich die Kommission gar nicht mehr kümmern, empfahl die Kommissarin, und stattdessen »lieber geschlossen in Urlaub gehen«.

Auch ihr Landsmann Mario Monti erwärmte sich für die Idee, Chaos zu verbreiten und riet seinen Kollegen: »Nichts mehr tun.«

Der Finne Erkki Liikanens kam gar auf die Idee, es den Medien heimzuzahlen und die täglichen Pressekonferenzen im Keller des Breydel-Gebäudes abzuschaffen.

Der *Spiegel*, dem diese internen Wutausbrüche von einem Anwesenden zugetragen wurden, schrieb: »Szenen wie aus dem Tollhaus: Das Kommissarskollektiv, machtversessen und machtvergessen, gerade unter Schimpf und Schande aus dem Amt gejagt, aber ohne Einsicht und Schuldbewußtsein, führte sich auf, als wolle es im nachhinein die schlimme Anklage noch einmal bestätigen, keinen Funken Verantwortungsgefühl zu haben. Mitten im Aufruhr saß, richtig zufrieden, Edith Cresson und sagte nichts.«[12]

Um ein paar Euros mehr: Feilschen in Berlin

Eine Woche später, am 25. März, versammelten sich die Regierungschefs der EU in Berlin und berieten dort über die Zukunft der Kommission, über das Kosovo, über die Osterweiterung der Gemeinschaft und vor allem über Geld – über sehr viel Geld.

Sie berieten über 1,4 Billionen Mark, die die EU innerhalb von sieben Jahren auszugeben gedenkt.

Am Freitagmorgen, dem 26. März, um 6.30 Uhr, trat ein völlig übernächtigter Gerhard Schröder vor die im Kino am Bahnhof Zoo versammelten Journalisten und verkündete den Abschluß der Konferenz.

Als die Resultate des 21stündigen Marathons nach und nach ans Licht kamen, dämmerte auch unentwegten Europa-Optimisten, daß Schröder in allen wichtigen Punkten hatte nachgeben müssen, daß die überhöhten deutschen Nettozahlun-

gen nicht sinken würden, daß die heillose europäische Agrarpolitik nicht reformiert wurde, daß die Osterweiterung der
EU finanziell keineswegs abgesichert war und daß das
deutsch-französische Verhältnis tiefe, gefährliche Risse zeigte.
An diesem Tag in Berlin wurde klar, daß Europa mitnichten
nur am Verwaltungskopf von Brüssel krankt. Daß die Verantwortlichen sich jahre- und jahrzehntelang zuviel Integration
und vor allem die falsche Art von Integration vorgenommen
hatten. Daß das Haus Europa auf einem schwachen Fundament steht, auf einem Fundament aus Subventionen und Finanzausgleich.

21 Stunden lang, während die NATO Serbien bombardierte
und europäische Geschichte schrieb, hatten die Politiker des
alten Kontinents nichts besseres zu tun, als um ein paar Milliarden Euros mehr oder weniger zu streiten.

Das Geld

Kaum hatte Gerhard Schröder die Nachfolge Helmut Kohls, eines überzeugten Europäers, angetreten, sorgte er mit politisch unkorrekten Äußerungen für Ärger. Ihm waren die Berufseuropäer nicht ganz geheuer, er pochte auf deutsche Interessen, er meinte, in Brüssel werde zu viel Geld »verbraten«. Der Norddeutsche Schröder war offenbar von den romanischen Sitten, die in der EU herrschen, nicht sonderlich angetan. Noch bevor er Kanzler wurde, hatte er größte Mühe, den Namen des spanischen Ministerpräsidenten (»der Azurro oder wie der heißt«), richtig zu buchstabieren.[13]

Auch des Kanzlers Beraterin Brigitte Sauzay sah den Realitäten kühl ins Auge. »Nur noch gebetsmühlenartig« hätten Kohl und Chirac in den letzten Jahren den »Mythos« eines einzigartigen deutsch-französischen Verhältnisses gepflegt. »Das war nahe daran, verlogen zu sein«, so die Französin.[14]

Schröder hatte sehr schnell erkannt, daß die europäische Integration keine Frage von Krieg oder Frieden war, wie das noch Kohl behauptet hatte, sondern eine solche von Soll und Haben. Er war davon überzeugt, daß die Deutschen zu viel einzahlten und daß dies geändert werden müsse.

Diese Einsicht war freilich nicht ganz neu, sie wurde jetzt nur energischer artikuliert. Bereits 1998 waren der alten Bundesregierung Bedenken gekommen, ob es weiterhin tragbar sei, daß Deutschland auf immer die Rolle des Zahlmeisters in der EU spiele. Schon Finanzminister Waigel hatte mit Empörung spanische Forderungen zurückgewiesen, die darauf hinausgelaufen wären, daß Deutschland sieben bis acht Milliarden Mark mehr als bisher in die Brüsseler Kassen hätte einzahlen müssen.[15]

Sogar der früher immer äußerst spendable Kanzler Kohl hatte – den bevorstehenden Wahlkampf fest im Auge – auf dem EU-Gipfel in Cardiff im Juni 1998 erstmals einen »fairen Lastenausgleich« in der EU verlangt. Beschlossen wurde nichts

Konkretes. Festgehalten wurde in Cardiff lediglich, der Europäische Rat habe die Forderungen einiger Mitgliedsländer nach einer gerechteren Lastenverteilung »zur Kenntnis genommen«.[16]

Zweifelte Kohl an seinem Lebenswerk? Intern hatte er immerhin verlauten lassen, »einige Kommissare« wollten den Zentralstaat und würden damit »Europa zerstören«; mit dem Sonderrabatt der Briten werde es bald vorbei sein; er verlange von den Partnern eine »Generalrevision der Abteilung Finanzen«.[17]

Mit eben dieser Absicht, eine Generalrevision durchzusetzen, ging der neue Bundeskanzler Schröder im März 1999 in die EU-Gipfelkonferenz, die auf seinen ausdrücklichen Wunsch hin von Brüssel nach Berlin verlegt worden war.

In Berlin ging es um die Finanzen bis 2006

In Berlin stand die Finanzplanung für die Jahre 2000 bis 2006 auf der Tagesordnung. Schröder versuchte nicht mehr und nicht weniger, als einen Teil der äußerst kostspieligen Zugeständnisse, die Kohl und Waigel Anfang der neunziger Jahre in Edinburgh und Dublin gemacht hatten, wieder zu kassieren.

Für die Südländer wurden damals 14 Milliarden ECU extra im Rahmen eines sogenannten Kohäsionsfonds bereitgestellt, damit sie sich fit für den Euro und die Währungsunion machen konnten. Tatsächlich hatten z. B. Spanien und Portugal die Maastrichter Kriterien auch deshalb erfüllen können, weil sie riesige Zuschüsse bekamen – de facto größtenteils aus Bonn.

Nachdem sie sich für den Euro qualifiziert hatten, war die Geschäftsgrundlage für den Kohäsionsfonds weggefallen. Nur: Die Südeuropäer sahen darin nun einen Besitzstand, auf den sie nicht verzichten wollten. Wenn man ihnen die Milliarden vorenthielt, konnten sie damit drohen, die Aufnahme der osteuropäischen Staaten in die EU mit ihrem Veto zu blockieren.

In ähnlicher Manier hatten sie sich schon die vorherige EU-Erweiterung, nämlich den Beitritt Schwedens und Finnlands, abkaufen lassen. Es war Erpressung, nichts anderes.

Vor allem versuchte die Bundesregierung in Berlin, bei den Agrarausgaben anzusetzen. Diese machen immerhin 42,2% des EU-Haushaltes aus: 40,94 Milliarden Euro von insgesamt 96,9 Milliarden im laufenden Jahr 1999.

Die Idee war, bei den Agrarsubventionen einen nationalen Eigenanteil in Höhe von 25% einzuführen. Das hätte nicht nur sofort Geld eingespart, sondern hätte auch die spätere Aufnahme der Polen, Ungarn und Tschechen finanziell erleichtert.

Eine Zeitlang sah es so aus, als sei diese »Kofinanzierung« (d.h. der Eigenanteil von 25%) bereits akzeptiert. Erst als Paris klipp und klar Nein sagte, knickte Bonn nahezu widerstandslos ein.

Außenminister Fischer sagte zur Rechtfertigung am 18. März 1999 vor dem Bundestag, er halte das Prinzip der Kofinanzierung zwar weiterhin für richtig, doch sei für Bonn die Fortentwicklung der deutsch-französischen Beziehungen als Motor der europäischen Einigung wichtiger gewesen.

Damit war die deutsche Strategie zur Reform der Finanzen gescheitert, noch bevor die Berliner Konferenz eröffnet wurde. Denn jetzt würden die Südländer auch bei anderen Etatposten jede empfindliche Sparmaßnahme von sich weisen.

Die Konferenz, die vom Donnerstag, dem 25. März, bis zum Freitagmorgen 21 Stunden dauerte, verlief im Prinzip nicht anders als frühere EU-Treffen in der Ära Kohl. Die anderen blieben so lange unnachgiebig, bis die Deutschen den Scheck unterschrieben.

Tony Blair dachte gar nicht daran, auf den von Margaret Thatcher ertrotzten Beitragsrabatt zu verzichten.

Chirac wurde, als es um französische Interessen ging, richtig wütend und erklärte: »Frankreich will das.« Die Konferenz mußte mehrmals unterbrochen werden.

Schröder führte Einzelgespräche mit dem Portugiesen Guterres und dem Spanier Aznar und bekam ihre Zustimmung zum Gesamtpaket erst, nachdem er den Kohäsionsfonds auf 18 Milliarden Euro aufgestockt hatte.

Vor allem die Spanier kämpften unnachgiebig um jeden Euro. »Ich habe um elf Uhr Nein gesagt, um zwölf Uhr, um ein Uhr, um zwei Uhr, um drei Uhr, um vier Uhr und um fünf Uhr. Um halb sechs habe ich dann Ja gesagt«, triumphierte Ministerpräsident Aznar.

Als Schröder schließlich am Freitagmorgen um 6.30 Uhr »zerknittert, kalkig weiß unter geröteter Haut«[18] vor die Presse trat, wußte er, daß die Agrarreform gescheitert war, daß die enormen Subventionen für Südeuropa im wesentlichen unangetastet blieben, daß sich an der Brüsseler Milliardenwirtschaft nichts ändern würde, daß die EU bis zum Jahr 2006 1,4 Billionen Mark kosten würde und daß sich an den deutschen Zahlungen kurzfristig vielleicht ein paar hundert Millionen einsparen ließen, daß sie langfristig aber weitersteigen würden.

Die Partner hatten Bonn wieder einmal erpreßt und schamlos ihren Vorteil ausgespielt, der darin bestand, daß Deutschland im ersten Halbjahr 1999 den EU-Vorsitz innehatte, auf der Konferenz als ehrlicher Makler auftreten mußte und somit daran gehindert war, auf nationalen Interessen zu bestehen.

Was hätte Schröder tun sollen? Man muß sich die Situation einmal vorstellen: In der Nacht vom 25. auf den 26. März, als die Luftwaffe der NATO Einsätze in Serbien flog, als die schrecklichste Vertreibung seit 1945 im Gange war, diskutierten die Regierungschefs in Berlin eine halbe Stunde lang darüber, ab welchem Breitengrad finnische Bauern EG-Geld für das Trocknen ihres Getreides kassieren dürfen.[19]

Wofür die EU so viel Geld braucht

An dieser Stelle müssen wir uns etwas genauer damit befassen, wofür die EU beziehungsweise die EG so viel Geld braucht und wer wieviel davon aufbringt. Wir legen dabei den Haushaltsplan für 1999 zu Grunde, in dem Mittel in Höhe von 96,929 Milliarden Euro ausgewiesen sind, umgerechnet 189,57 Milliarden Mark:

(1) Mit 42,2% entfällt der größte Posten auf die Agrarpolitik. Die, wie sie offiziell genannt wird, Gemeinsame Agrarpolitik (GAP), stand an der Wiege der vielleicht größten europäischen Wachstumsindustrie, des Subventionsbetruges nämlich. Vereinfacht läßt sich sagen, daß die Bauern bis 1992 dafür bezahlt wurden, daß sie möglichst viel produzierten – und seit 1992 dafür, daß sie möglichst wenig erzeugten. Nach wie vor werden für die wichtigsten Produkte der europäischen Landwirtschaft Preise und Mengen zentral festgelegt – eine lupenreine Planwirtschaft, ganz nach dem Geschmack zentralistischer Technokraten.

(2) 40,5% der Ausgaben fließen in die sogenannten strukturpolitischen Maßnahmen, in die Struktur- und Kohäsionsfonds. Dieser Strukturpolitik sind mehr Fördertöpfe gewidmet, als wir hier aufzählen können. Immer aber steckt die Idee dahinter, daß jemand »benachteiligt« ist und dafür einen geldwerten Ausgleich erhalten muß. Gefördert werden Regionen, deren Sozialprodukt pro Kopf unter 75% des EU-Durchschnitts liegt. Gefördert werden Regionen mit hohem, aber auch solche mit rückläufigem Industrieanteil. Gefördert wird die Entwicklung des länd-

lichen Raumes. Gefördert werden nicht nur die industrialisierten, dicht besiedelten Teile Europas, sondern ausdrücklich auch solche mit weniger als acht Einwohnern pro Quadratkilometer. Rechnet man alles zusammen, dann kommt man zu dem gar nicht überraschenden Ergebnis, daß sich der Geldsegen aus den Strukturfonds über eine Fläche ergießt, in der weit mehr als die Hälfte der Bevölkerung der EU lebt. Europa, der Kontinent der Benachteiligten.

(3) 6,6% des Haushaltes entfallen auf die Außen- und Entwicklungspolitik.

(4) Mit 3,6% werden Forschung und Technik gefördert, ein Tätigkeitsbereich, in dem die Bürokraten besonders ineffizient sind.

(5) Bleibt noch die Verwaltung. Sie kostet 1999 4,5 Milliarden Euro und damit 4,6% der Ausgaben. (2,6% fallen unter »Sonstige«.)

Was die Bürokraten verdienen

Die Verwaltung, das sind die Bürokraten von Brüssel. An den Stammtischen wird immer behauptet, sie seien faul – das ist falsch – und sie seien überbezahlt – das ist richtig.

Merkwürdig: In Europa soll alles harmonisiert werden, von einer Angleichung der EG-Gehälter an die in Bonn oder Paris oder andere Hauptstädte ist jedoch keine Rede.

Die deutsche Öffentlichkeit staunte nicht schlecht, als der bayerische Finanzminister Georg von Waldenfels vor fünf Jahren enthüllte, daß ein Amtsbote des Deutschen Patentamts in München 3300 Mark netto verdiente, sein Kollege nebenan beim Europäischen Patentamt aber fast das Doppelte, nämlich 6300 Mark.[20]

Die Zeitungen sprachen damals von »Zündstoff«, geändert

hat sich bis heute nichts. Das Prinzip des gleichen Entgelts für gleiche Arbeit gilt zwar ansonsten überall in der Union, nicht jedoch für die Beamten bei der Kommission, beim Parlament und beim Gerichtshof in Luxemburg.

Schon 1993 hatten die Finanzminister die Kommission beauftragt, das Besoldungssystem zu überprüfen. Damit waren die Brüsseler Beamten überfordert. Sie kamen gerade mal zu der Erkenntnis, »daß es bestimmte Bereiche gibt, in denen die Suche nach Einsparungen fortgesetzt werden muß.« Sie suchen bis heute.

So blieb es dabei, daß sich das Heer der Bürokraten »richtig paradiesisch« fühlen kann, um Frau Wulf-Mathies zu zitieren. Und zwar angefangen von den Boten und Pförtnern, die nach einigen Dienstjahren netto 7000 Mark nach Hause tragen können, bis hinauf zu den Kommissaren, die im Monat 30 000 Mark verdienen, auch dies netto.

Die Pförtner und Dienstboten, so enthüllte Harald Hotze in der *Welt am Sonntag*, kommen in der Mehrzahl aus Italien und haben sich als äußerst begabte Investoren erwiesen. In ihrem Besitz nämlich befinden sich die meisten italienischen Restaurants in der Nähe der Kommission am Rond Point Schuman – und Restaurants in dieser Lage sind wahre Goldgruben.[21]

Ein schönes Zubrot, das für die 19 Kommissare und ihren Präsidenten selbstverständlich nicht in Frage käme. Nicht nur das, die Kommissare dürfen neuerdings nicht einmal mehr Geschenke im Wert von mehr als 150 Euro entgegennehmen. Nachzulesen in einem »Verhaltenskodex«, der nach den jüngsten Korruptionsvorwürfen plötzlich auf die Internet-Seite der Kommission gestellt wurde.

Jetzt geht es auf einmal ganz streng zu. Laut Kodex dürfen Kommissionsmitglieder keinerlei Nebentätigkeiten annehmen, dürfen sich Vorträge nicht vergüten lassen, müssen finanzielle Interessen und Vermögenswerte, sofern sie zu Interessenkonflikten führen könnten, aufdecken und sind obendrein verpflichtet, eventuelle Erwerbstätigkeiten ihrer Ehegatten zu melden. Interessant auch, daß sie in dem Kodex noch einmal verpflichtet werden, »über die Beratungen der Kommission Stillschweigen zu bewahren«.

Fairerweise muß man hinzuführen, daß in der im März 1999 zurückgetretenen Kommission auch Spitzenleute saßen.

Darunter der Belgier Karel van Miert, der die Kartellbildung in Europa zu bekämpfen hatte; der für den Binnenmarkt zuständige Italiener Mario Monti, der dem Freihandel zugetane Engländer Brittan; aber auch der Franzose de Silguy, der sich um die technischen Vorbereitungen der Euro-Einführung kümmerte.

Aber selbst sie konnten an dem Gesamteindruck nichts ändern, daß die Kommission insgesamt zu einem Selbstbedienungsladen ganz besonderer Art verkommen war.

30 000 im Dienste Europas

Wie viele Menschen arbeiten eigentlich für die Kommission im besonderen und für Europa im allgemeinen? Rechnen wir nach: Für 1998 waren knapp 17 100 Dauerplanstellen und Planstellen auf Zeit für den allgemeinen Verwaltungsdienst der EG-Kommission vorgesehen. Zusätzlich waren 4 400 Personen bei den Forschungsstellen, im Amt für Veröffentlichungen und in anderen Einrichtungen der Kommission beschäftigt. Daraus ergibt sich die oft genannte Zahl von rund 21 000 »Bürokraten«.

Addiert man die Mitarbeiter beim Parlament (ohne die Abgeordneten), beim EU-Rat, beim Gerichtshof, beim Rechnungshof, beim Wirtschafts- und Sozialausschuß und beim Ausschuß der Regionen, dann kommt man auf einen Personalbestand von fast 30 000. Und dies ohne die Hilfskräfte, die Ortsbediensteten, die in der Regel nur einfache manuelle Arbeiten verrichten, und ohne die hochbezahlten Sonderberater. Zu berücksichtigen ist ferner, daß bei allen Verwaltungen der Mitgliedsstaaten nicht wenig Personal damit beschäftigt ist, die in Brüssel beschlossene Politik in die Praxis umzusetzen.[22] Die Posten in Brüssel sind so begehrt, daß nur ein winziger Bruchteil der Bewerber eingestellt werden kann. Warum, das wird sofort deutlich, wenn man die Gehälter von EU-Beamten mit denen von deutschen Bundesbeamten vergleicht. Die Angaben sind in Mark, netto und pro Monat:[23]

Gehälter EU-Beamte

A1	Generaldirektor	23 230
A2	Direktor	21 365
A4	Hauptverwaltungsrat	17 160
B1	Verwaltungsamtsrat	13 270
C1	Verwaltungshauptsekr.	8 726
D1	Amtsmeister	7 125

Gehälter Bundesbeamte

B9	Ministerialdirektor	12 099
B6	Ministerialdirigent	10 769
A16	Ministerialrat	8 946
A13	Oberamtsrat	7 036
A9	Amtsinspektor	5 202
A5	Oberamtsmeister	4 316

Wie Sie sehen, ist der Gehaltsvorsprung der EU-Bediensteten enorm. Bei den oberen Chargen erreicht er fast 100%, bei der tiefsten angegebenen Besoldungsgruppe D1 immerhin noch 65% – auch dies netto und in DM.

In diesen Gehältern ist ein Teil der Zulagen bereits enthalten, darunter – in Brüssel – neben der Kinderzulage eine Erziehungszulage für den Schulbesuch der Sprößlinge, obwohl dieser für Kinder der EU-Beamten gebührenfrei ist.

Enthalten ist auch die Auslandszulage mit 16% der Grundbesoldung, die selbst nach Jahren noch gezahlt wird, wenn sich der Beamte längst in Brüssel eingelebt hat. Ganz abgesehen davon: Ein guter Unionsbürger sollte sich in Belgien nun wirklich nicht wie im Ausland fühlen. Was heißt hier Ausland? Wir sind doch alle Europäer!

Hinzu kommen weitere Sonderzahlungen, die im obigen Gehaltsvergleich nicht berücksichtigt sind: die Einrichtungsbeihilfen, wenn der Beamte nach Brüssel zieht; die Wiedereinrichtungsbeihilfe, wenn er aus Brüssel wegzieht; die Tagegeld- und Übernachtungspauschalen, die um bis zu 100 Mark höher liegen als bei deutschen Beamten.

Nicht nur das: 1994 wurde auch noch bekannt, daß – in einem Jahr – an 16 017 EU-Beamte zusammen 60 593 Reisen mit Familie (!) erstattet wurden – da war die kostenlose Fahrt in den Urlaub garantiert.[24]

Schön auch, daß man als Diener Europas mit 60 ohne Abstriche in Pension gehen kann, wovon reichlich Gebrauch gemacht wird. Nicht nur das: Die Zahl der vorzeitigen Pensionäre soll in Brüssel ähnlich hoch sein wie die der regulären Ruheständler.

Die Kommissare, die sich im März verabschiedeten, fallen weich – bei Übergangsgeldern, die je nach Amtszeit zwischen 520 000 und 810 000 Mark liegen, bei Übernahme der Umzugskosten und einer »Wiedereingliederungshilfe« von 32 044 Mark.

Ein Parlament im Glashaus

Alles kein Thema für das Europäische Parlament. Denn: Wer im Glashaus sitzt, wirft nicht gerne mit Steinen. Gerade auch in Deutschland gilt ein Sitz im Parlament, das abwechselnd in

Straßburg und Brüssel tagt, als Sinekure ohnegleichen. Damit werden verdiente Parteiarbeiter belohnt, oft nach dem Motto: Hast du einen Opa, schick ihn nach Europa.

Die Grundbezüge der Europaparlamentarier werden zwar (in der Höhe der dort üblichen Diäten) aus den nationalen Haushalten gezahlt, die traumhaften Zulagen und Kostenerstattungen trägt aber die EU. Da kommen pro Kopf Umsätze zustande, über die mancher mittelständische Betrieb nicht nur in Deutschland glücklich wäre.

Wie der Bund der Steuerzahler ausgerechnet hat, bekommen die 626 europäischen Abgeordneten im Schnitt 450 000 Mark an Kostenerstattungen und sonstigen Vergütungen – für Reisekosten, für Tagegelder, für ihr Sekretariat, für Sprachkurse, für allgemeine Kosten. Und darin sind die Diäten nicht enthalten!

Nicht wenige Abgeordnete bringen es fertig, derart teuer zu reisen, daß man sich fragen muß, welches Verkehrsmittel sie eigentlich benutzt haben. So beanstandete der Rechnungshof, daß die Kostenerstattungen für Reisen zwischen Wohnsitz und Parlament im Durchschnitt (!) um 30% über den Tarifen der Business Class lagen. Und dies, obwohl in der Praxis oft die Eisenbahn oder die Touristen-Klasse im Flugzeug benutzt wurden.[25]

Insgesamt streichen die Abgeordneten zusammen fast 300 Millionen Mark pro Jahr an Vergütungen ein, und dies ohne die Diäten.

Mit welchen Tricks sie das schaffen, war auch im Bericht des Luxemburger Rechnungshofes nachzulesen. Beschäftigt wurden z. B. Familienangehörige als fiktive Mitarbeiter im Parlament. Je weiter südlich die Heimat des Parlamentariers, so meinte ein Prüfer, desto häufiger seien »Oma, Mutter, Frau und Tochter« mit von der Partie.

Teuer wird die Gesamtrechnung auch dadurch, daß die Assistenten ihre Reisekosten in bar bei der Zahlstelle abholen können – und dies ohne Vorlage von Belegen.

Die Abgeordneten selbst dürfen in jeder Sitzungswoche zwischen Heimat und Parlament pendeln – je weiter, desto besser. Wie die Rechnungsprüfer entdeckten, haben manche Volksvertreter aus dem Norden Frankreichs oder aus Italien ihre weit von Brüssel entfernten Feriendomizile in Cannes oder auf Sizilien bei den Reiseabrechnungen angegeben.[26]

Aber was soll man schon von einem Parlament halten, das nicht den Gesetzgeber spielen darf, dem nicht einmal erlaubt wurde, seinen eigenen Sitz selbst zu bestimmen. Weil Frankreich an Straßburg festhielt, entwickelte sich die kuriose Situation, daß das Plenum dort und in Brüssel tagt, daß die Ausschüsse und Fraktionen in Brüssel arbeiten und die Parlamentsverwaltung mit 3 500 Leuten in Luxemburg angesiedelt ist. Ein veritabler europäischer Wanderzirkus.

Als ich mich einmal über das Ergebnis einer bestimmten Parlamentssitzung erkundigen wollte, mußte ich ein halbes Dutzend mal zwischen Straßburg und Brüssel hin- und hertelefonieren, bis endlich jemand Bescheid wußte.

Der neue Brüsseler Parlamentssitz im Espace Léopold, ausgestattet mit 2 600 großen Büros, 700 davon mit Dusche und Schlafgelegenheit, wurde inzwischen zum »Monument für eine der größten Korruptionsaffären der an Skandalen nicht armen Geschichte Brüssels«.[27]

Ein Protzbau für zwei Milliarden

Der einem überdimensionalen Gewächshaus ähnelnde Protzbau, der vom Parlament erst gemietet und dann gekauft wurde, hat die unvorstellbare Summe von zwei Milliarden Mark gekostet. Die Bauqualität ist miserabel. In der ZDF-Sendung *Frontal* vom 30. März 1999 beschwerten sich Abgeordnete über Bewegungsmelder, die bei der Arbeit stören, über Steckdosen, aus denen kein Strom kommt, über lose Teppichfliesen und herunterfallende Deckenplatten.

Daß Korruption im Spiel war, läßt sich leicht aus dem internen Bericht der Finanzkontrolle des Parlaments aus dem Jahr 1997 herauslesen. Seit 1995 läuft ein Ermittlungsverfahren der belgischen Justiz gegen das Baukonsortium SEL, den rein belgischen Bauträger des Neubaus. In einem Brief informierte der Staatsanwalt den Parlamentspräsidenten, daß er sogar in dessen eigenem Haus gegen Abgeordnete und Beamte recherchierte.

Diesmal ist es nicht die Kommission, die am Pranger steht. Diesmal ist es das Parlament, das eben noch der Kommission die Leviten las.

Was hier abgelaufen ist, kann man sich unschwer zusammenrechnen. Zunächst hatte die integre niederländische Traditionsfirma Reijnders die Bauaufsicht. Ihr wurde vom Bauausschuß des Parlaments gekündigt. Sie hatte offenbar dem belgischen Konsortium SEL zu genau auf die Finger geschaut. Außenstehende wollte man bei dem 2-Milliarden-Projekt nicht dabei haben. Eine deutsche Firma, die Möbel liefern wollte, bekam das Angebot erst zwei Tage vor Ablauf der Ausschreibung. Zu spät, an der zeitweise größten Baustelle Europas verdienten fast ausschließlich belgische Unternehmen.

Typisch auch für die mafiosen Strukturen in Brüssel, daß die deutsche Firma *Frontal* dazu verpflichtete, ihren Namen nicht zu nennen. Sie möchte sich auch in Zukunft um EU-Aufträge bewerben.

In der Sendung vom 30. März hatte der Ex-Präsident des Parlaments, der Deutsche Klaus Hänsch, nur lahme Ausreden. Er habe sich über die Bedenken des Finanzkontrolleurs hinwegsetzen müssen, um einer Konventionalstrafe zu entgehen.

»Aber daß das Ganze nun in einem Sumpf von Korruption und Mißwirtschaft versunken wäre, das kann ich nicht sehen.«

Wohin man schaut, man kommt immer wieder zu dem Schluß, daß den für Europa tätigen Politikern und Bürokraten zu viel Geld in die Hand gegeben wird. Selbst wenn es gelänge, Korruption und Betrug zu eliminieren, würde das nichts daran ändern, daß Unsummen verschwendet werden. Das kann bei der unübersichtlichen Vielzahl von Töpfchen und Pfründen, von Subventionen und Förderprogrammen und Eingriffen in die freie Marktwirtschaft gar nicht anders sein. Die Mißstände sind systemimmanent.

Ludwig Erhard, der Warner

Europa ist uns lieb, warum muß es auch so teuer sein? Der Wasserkopf von Brüssel – überflüssig. Die obskure Agrarpolitik – überflüssig. Die Subventionswirtschaft und der ganze Umverteilungsapparat – auch überflüssig.

Hätten die Deutschen nur auf Ludwig Erhard gehört!

Erhard warnte frühzeitig vor einem »bürokratisch manipulierten Europa, das mehr gegenseitiges Mißtrauen als Gemeinsamkeit atmet«.

Er war entsetzt über die Vorstellung, in Europa müsse alles »harmonisiert«, das heißt gleichgeschaltet werden. Von Sizilien bis zum Ruhrgebiet werde es nie gleiche Produktivität und gleiche Arbeitskosten geben. Denn die Menschen könne man nicht auf einen gemeinsamen Nenner bringen, so Erhard.

Und er sah klarsichtig voraus, daß die Gleichmacherei, die Harmonisierungstheorie zu einer gigantischen Subventionswirtschaft führen müsse. In seinem inzwischen neu aufgelegten Buch *Wohlstand für Alle* hatte Erhard bereits 1957 prophezeit:

»Wer dieser Harmonisierungstheorie folgt, darf nicht der Frage ausweichen, wer die Opfer bringt und womit die Zeche bezahlt werden soll. In der praktischen Konsequenz muß ein solcher Wahn naturnotwendig zur Begründung sogenannter ›Töpfchen‹ führen, d. h. von Fonds, aus denen alle diejenigen, die im Nachteil sind oder es zu sein glauben, entweder entschädigt oder künstlich hochgepäppelt werden. Das aber sind Prinzipien, die mit einer Marktwirtschaft nicht in Einklang stehen. Hier wird nicht die Leistung prämiert, sondern das Gegenteil getan, es wird der Leistungsschwächere – aus welchen Gründen auch immer – subventioniert.«

Und: »Es ist eine fast tragische Erkenntnis, glauben zu müssen, daß wir innerlich bereits derart verkrampft sind, Ordnung nur noch in der Vorstellung der ›Organisation‹ begreifen zu können. Wir haben den Sinn für echte Ordnung verloren, die gerade dort am stärksten ist und dort am reinsten obwaltet, wo sie als solche überhaupt nicht bemerkt und verzeichnet wird.«[28]

Der EG-Haushalt: Von 9,5 auf 190 Milliarden

Die Entwicklung, die Ludwig Erhard verhindern wollte, läßt sich am einfachsten an den Steigerungsraten des EG-Haushaltes ablesen: Bis 1970 war er auf 9,5 Milliarden Mark gewachsen, bis 1980 auf 41,1 Milliarden, bis 1990 auf 97,5 Milliarden und in den vergangenen zehn Jahren auf rund 190 Milliarden Mark.

Immer mehr Geld wurde den Privaten und damit dem freien Markt entzogen, in Europa entstand eine vierte Haushaltsebene – angesiedelt über den Kommunen, den Ländern und den Nationalstaaten.

Bei rund 200 verschiedenen Förderprogrammen und Tausenden von Projekten kann kein Rechnungsprüfer mehr feststellen, wieviel Geld insgesamt zu Unrecht kassiert oder verschwendet wird, wieviel in dunkle Kanäle fließt oder sogar in den Taschen der Mafia endet.

Erschwerend kommt hinzu, daß eine EG-rechtliche Definition für Subventionen nicht existiert, daß Subventionsbetrug nicht überall in der EU strafbar ist und daß in gewissen Teilen der europäischen Gesellschaft die Grenzen zwischen privater, organisierter und staatlicher Kriminalität fließend sind.

Das System ähnelt partiell dem der internationalen Entwicklungshilfe, über die ich vor 21 Jahren ein kritisches Buch geschrieben habe.[29] Auch diese wurde jahrelang von den Verantwortlichen in Bonn schöngeredet und kam erst mit der Zeit in Mißkredit.

Zunächst hatte das Bonner Ministerium für Entwicklungshilfe (pardon: für wirtschaftliche Zusammenarbeit) noch behauptet: »Jede Mark geht dorthin, wofür sie bestimmt ist.« Ehrlicher war da schon der zuständige Minister Egon Bahr, als er empfahl: »Die Wirtschaftlichkeitsprüfungen sollte man nicht zu weit treiben. Man muß das politisch sehen.«

Dies ist genau die Einstellung der heutigen politischen Klasse in Europa. Sie hat sich mit dem Dauer-Skandal im Grunde abgefunden. Denn, wie ein Kommissar einmal sagte: »Wenn Deutschland nicht mehr zahlt, dann platzt der Laden.«[30]

Über die Problematik der Entwicklungshilfe schrieb ich in meinem Buch: »Der Möglichkeiten, Entwicklungshilferuinen zu bauen, gibt es viele: Die Hilfe kann von vornherein überflüssig sein. Sie kann, falls sie tatsächlich einem nützlichen Zweck dient, durch falsche Planung und falsche Durchführung wieder zunichte gemacht werden. Sie kann in den Kanälen der Korruption verschwinden. Sie kann der Mißwirtschaft der Regierungen in der unterentwickelten Welt zum Opfer fallen. Sie kann aber auch, selbst wenn sie noch so segensreich und gelungen zu sein scheint, langfristig mehr Schaden als Nutzen stiften.«[31]

Nach einer griffigen Faustregel verschwindet ein Drittel der

Entwicklungshilfe in der Korruption, ein weiteres Drittel endet in sinnlosen Projekten, und lediglich das dritte Drittel erfüllt einen vernünftigen Zweck.

So krass sind die Verhältnisse in Europa natürlich nicht, vielleicht abgesehen von einigen südlichen Teilen des Kontinents, wo jahrelange Milliardenzuschüsse am wirtschaftlichen Rückstand und an der hohen Arbeitslosigkeit nicht das Geringste ändern konnten. Traurige Tatsache ist: Wenn die gesellschaftlichen und kulturellen Voraussetzungen dafür fehlen, kann sich eine Region eben nicht entwickeln – egal, wieviel Geld hineingesteckt wird.

Unsere Vorstellungen davon, was im modernen Europa machbar ist und was nicht, sind wirklich immer noch zu optimistisch. Als die Fraunhofer-Gesellschaft in Karlsruhe im Auftrag Brüssels untersuchte, was mit den Geldern aus dem EU-Strukturfonds in Griechenland geschieht, fand sie heraus, daß ein Drittel (!) auf dem Weg zum Projekt versickert. In bestimmten Fällen habe das Geld aus Brüssel am Ende der Kette nicht einmal mehr ausgereicht, um es zu verteilen.[32]

Des öfteren hört man, auch vom Europäischen Rechnungshof, daß etwa 5% des EG-Haushaltes auf illegale Weise ausgegeben wird. Das wären, beim jetzigen Haushaltsumfang, acht bis neun Milliarden Mark. Eine Zahl, die sicherlich zu tief gegriffen ist. Selbst aus Brüssel waren schon Schätzungen zu hören, die sich bei 10 bis 15% des Haushalts bewegen.[33] Wahrscheinlich geht jedes Jahr ungefähr so viel Geld durch Betrügereien verloren, wie Deutschland netto in den EG-Haushalt einzahlt!

Wie man den Geldbaum schüttelt

Wenn es darum geht, den europäischen Geldbaum zu schütteln, sind dem Einfallsreichtum keine Grenzen gesetzt. Ein kleiner praktischer Ratgeber für Abzocker, Schwindler und legale Profiteure des Systems könnte z. B. folgende Tips enthalten:

(1) Wenn es Ihnen nicht gelingt, selbst einen wohldotierten Posten in Brüssel zu bekommen, und Sie dort auch keine Verwandten und Freunde haben, dienen Sie sich der Kommission am besten als Experte an. 20 000 Mark im Monat sind dabei durchaus drin. »Die Berater sahnen unheimlich ab«, verriet ein Luxemburger Rechnungsprüfer.

(2) Oder Sie kaufen sich einen maroden Atomreaktor in Osteuropa und beantragen EG-Gelder zur Verbesserung der nuklearen Sicherheit. Sofern Sie für die Modernisierung des Kraftwerks nur 26% der Zuschüsse ausgeben und den Rest anderweitig verbuttern, bewegen Sie sich durchaus im Rahmen des aktenkundig Üblichen.

(3) Als Inhaber einer mittelständischen Firma haben Sie durchaus Chancen, an lukrative EU-Aufträge zu kommen. Pflegen Sie aber unbedingt den Kontakt zu den zuständigen Beamten. Die interessantesten Aufträge werden oft unter der Hand vergeben. (Wie das funktioniert, weiß z. B. der Luxemburger Beratungsunternehmer Claude Perry, der mit dem humanitären Hilfsprogramm ECHO vier fiktive Verträge abschloß. Die Hilfsgelder gingen erst an Briefkastenfirmen von Perry in Dublin, dann nach Abzug seiner Provisionen zurück nach Brüssel, um heimlich angestelltes Kommissionspersonal zu entlöhnen. Die Kommission führte sogar die Kurzwahlnummer von Perry im internen Telefonbuch – wer das von sich behaupten kann, hat es wirklich geschafft.)

(4) Wenn Sie kein Mittelständler sind, tut es auch ein Großkonzern: Der von der EG am meisten unterstützte Agrarexporteur ist Nestlé in der Schweiz, auch der in Zug ansässige Rohstoffhändler Marc Rich und der amerikanische

Getreidekonzern Cargill kassierten von der EG – völlig
legal.

(5) Oder Sie sind PR-Mann und vermitteln einen EU-Kom-
missar als Referenten für einen einstündigen Vortrag. Das
kann durchaus 40 000 Mark einbringen – so geschehen im
Fall eines Referats von Kommissar Bangemann, wobei das
Geld nicht an ihn, sondern an seinen langjährigen Freund
ausgezahlt wurde.[34]

(6) Außerordentlich lohnend kann der Export von Rindvieh
sein, wenn dabei ein paar Zollpapiere manipuliert werden.
Das wurde in der EG, auch mit Schweinefleisch, schon
unzählige Male exerziert. Beispiel: Man kauft billig Rin-
der beim tschechischen Nachbarn ein, macht sie zu EU-
Tieren und exportiert diese in südliche Mittelmeerländer,
weil Exporte dorthin hoch subventioniert werden. Wie
1996 herauskam, haben vor allem deutsche Fleischhan-
delsfirmen mit diesem Trick 85 Millionen Mark illegal
eingenommen – ein Hinweis darauf, daß Korruption und
Betrug keine südeuropäischen Spezialitäten mehr sind,
sondern längst auf Deutschland übergegriffen haben.[35]

(7) Anderer Vorschlag: Sie werden Bauer, kaufen möglichst
viel billiges Land auf und legen die Äcker still. Die EG
zahlt dafür. (Überall in der EG werden solche stillgeleg-
ten und bezuschußten Flächen dennoch bearbeitet.)

(8) Oder Sie werden Hirte auf Korsika, brennen Ihre Wei-
deflächen ab und kassieren für jeden eingeäscherten
Hektar aus Brüssel.

(9) Groß ist auch das Füllhorn, das sich über die Besitzer
von Olivenhainen ergießt. Nach den Abrechnungen zu
urteilen, die in Brüssel präsentiert werden, stehen 20 bis
30% mehr Olivenbäume auf dem Papier als auf dem Boden. Anders ausgedrückt: Man läßt sich für Öl bezu-
schussen, das nicht produziert wurde.

(10) Letzte Empfehlung: Verlegen Sie Ihren Wohnsitz möglichst weit nach Süden. Skandinavien ist, weil ein weitge-
hend korruptionsfreier Raum, keineswegs zu empfehlen.
In Deutschland sind die Chancen schon erheblich besser,
hier wird ohnehin seit ein, zwei Jahrzehnten zunehmend
geschmiert. Am besten ist der ganz tiefe Süden, dort
kann man sich die Millionen aus Brüssel schon mal mit
den Beamten vor Ort teilen. Tatsächlich wird der Subventionsbetrug nicht nur in Einzelfällen von bestimmten
nationalen Behörden gedeckt. Auch Italien sündigte einmal schwer. Dort wurden jahrelang die zugeteilten
Milchquoten überschritten. Die EU wurde nach Ansicht
des Vorsitzenden des Haushaltsausschusses im Europäischen Parlament »staatsseitig belogen«. Zehn Milliarden
Mark wurden von Italien ohne Rechtsgrundlage aus der
Gemeinschaftskasse in Empfang genommen. Sie sollten
zurückgezahlt werden, die Regierung weigerte sich.[36]

Deutschland, der Zahlmeister

Finanziert wird die Party hauptsächlich von einem EU-Mit-
glied, nämlich von Deutschland. Allein im laufenden Jahr
wird der deutsche Steuerzahler voraussichtlich 44 Milliarden
Mark für den Haushalt der Gemeinschaft aufbringen müssen.
Ein Notopfer für Europa, das von der Bundesregierung lange
Zeit verschwiegen, dann heruntergespielt und später mit der
merkwürdigen Begründung verteidigt wurde, Deutschland
profitiere als großer Exporteur doch auch am meisten von der
EU. Ganz so, als müsse man noch extra dafür zahlen, expor-
tieren zu dürfen.
Wieviel die EU Deutschland im Jahr genau kostet, läßt sich
nicht herausfinden. Niemand kann eine Gesamtsumme nennen, in der wirklich alles enthalten ist. Das ist nicht verwun-

derlich, schließlich existieren auch bei privaten Firmen manchmal drei Bilanzen: eine für das Finanzamt, eine für den Steuerberater und eine für die Firma selbst.

Die Zahlen, die man normalerweise in der Presse liest, beziehen sich immer nur auf den Haushalt der EG im engeren Sinne. Nicht enthalten sind der sogenannte Funktionshaushalt der Montanunion, die Aktivitäten der Europäischen Entwicklungsbank, die sogenannten Anleihe- und Darlehensaktivitäten und bestimmte Haushalte von EU-Einrichtungen, die keine Gemeinschaftsorgane sind.

Nicht enthalten ist auch der Europäische Entwicklungsfonds, der vor allem den früheren französischen und britischen Kolonien in Afrika, der Karibik und dem pazifischen Raum zugute kommt.

Schon vor Jahren hatte Professor Engels in der *Wirtschaftswoche* die offiziellen deutschen Nettozahlungen an die EG als untertrieben bezeichnet und im einzelnen dargelegt, warum man immer ein paar Milliarden hinzurechnen müsse.

Auch wir verwenden im folgenden nicht die Brutto-, sondern die Nettozahlungen. Bei diesen ist das, was aus Brüssel nach Deutschland zurückfließt, von den Einzahlungen bereits abgezogen. Die Nettozahlungen vermitteln immer noch den besten Eindruck davon, was uns die EU unter dem Strich kostet. In meinem letzten Buch *Was wird aus unserem Geld?* habe ich dazu eine Statistik verwendet, die in jedem Monatsbericht der Bundesbank veröffentlicht wird, und zwar unter der Rubrik Außenwirtschaft als »laufende Übertragungen an das bzw. vom Ausland«.

Danach gingen 1998 netto 30,407 Millarden Mark an die Europäischen Gemeinschaften, von denen bekanntlich die EG – die frühere EWG – die größte ist. 1994 – in der Spitze – war es etwas mehr, nämlich 31,698 Milliarden Mark.

Aber auch die Zahlen aus dieser Bundesbank-Rubrik sind

nicht ganz repräsentativ. Einerseits müßten die Vermögens-
übertragungen abgezogen werden, andererseits fehlen die
oben erwähnten Leistungen, die nichts mit dem eigentlichen
EG-Haushalt zu tun haben.

Abgesehen davon, ist natürlich ein Vergleich der 15 europäischen Nettozahlungen aufschlußreicher als die absolute Höhe
der Zahlungen eines Mitglieds wie Deutschland. Denn es geht
hier um die Beantwortung der Frage, wer mit welchen Antei-
len die Gemeinschaft finanziert. Wir brauchen also ein für die
gesamte EU einheitliches Zahlenmaterial, um die einzelnen
Nettopositionen überhaupt vergleichen zu können.

Dazu eignet sich am besten das Material, das von der Kommission selbst stammt und das auch vom Bund der Steuerzahler verwendet wird. Es deckt, wie gesagt, nicht alles ab, aber
die Relationen stimmen – und das ist in diesem Zusammenhang wichtig.

Auf der Basis dieser Zahlen lag die Spitze der deutschen Net-
tobeiträge 1994 bei 27,6 Milliarden Mark. 1996 und 1997 waren es rund fünf Milliarden Mark weniger. Nach der Jahrtau-
sendwende wird die Kurve wohl wieder ansteigen, weil mit
dem Beitritt der mittel- und osteuropäischen Länder enorme
Belastungen auf die EU zukommen, falls die kostspielige
Agrarpolitik nicht grundlegend geändert wird – und diese
überfällige Reform ist auf der Berliner Konferenz im März
1999 bekanntlich gescheitert.

Was die Nettozahlen verraten

Vergleichen wir also die Nettopositionen aller 15 Mitgliedsstaaten. Die Angaben beziehen sich auf das Jahr 1997 und sind
in ECU. (1 ECU = 1 Euro = 1,95583 D-Mark). In Brüssel gibt
es auch »rechnerische« Haushaltssalden; die folgenden Zahlen
beziehen sich jedoch auf die »operativen« Salden.

Danach gibt es in der EU sechs Netto-Empfängerländer, die unter dem Strich profitieren:
- Spanien mit 5,911 Milliarden Euro;
- Griechenland mit 4,3598 Milliarden Euro;
- Portugal mit 2,7108 Milliarden Euro;
- Irland mit 2,6639 Milliarden Euro;
- Finnland mit 42,3 Millionen Euro;
- Dänemark mit 36,6 Millionen Euro.

Und es gibt neun Nettozahler, die weniger zurückbekommen als sie vorher abgeführt haben:
- Luxemburg mit 52,4 Millionen Euro (beim »rechnerischen Saldo« ist Luxemburg allerdings Nettoempfänger mit 725,4 Millionen)
- Italien mit 153,1 Millionen Euro;
- Österreich mit 735,8 Millionen Euro;
- Frankreich mit 971,7 Millionen Euro;
- Belgien mit 1,1376 Milliarden Euro;
- Schweden mit 1,1447 Milliarden Euro;
- Großbritannien mit 1,8827 Milliarden Euro;
- die Niederlande mit 2,3172 Milliarden Euro
- Deutschland mit 11,0762 Milliarden Euro.[37]

Überraschender Befund: Für die meisten EU-Staaten macht die Umverteilung wenig Sinn; ihr Überschuß oder ihr Defizit ist so gering, daß sie genausogut aus dem Finanzausgleich ausscheiden könnten.

Denn, man darf nicht vergessen, daß eine solche Umverteilung hohe Verwaltungskosten verursacht – schätzungsweise zwischen 5 und 10%. Beachtet werden muß auch, daß die Umverteilung von 190 Millarden Mark pro Jahr in einem kulturell und wirtschaftlich so wenig homogenen Großraum wie der EU zwangsweise zu gravierenden Fehlleitungen von Kapital führt.

Einfacher ausgedrückt: Geld, das direkt von der Bundesregierung in Mecklenburg-Vorpommern ausgegeben wird, Geld, das direkt von Rom nach Kalabrien geht, ist selbstverständlich besser angelegt als die Mittel, die den Umweg über Brüssel machen.

Mit dem Geldausgeben ist es so: Mit dem eigenen geht man am sorgsamsten um, zum Geld anderer Leute hat man unwillkürlich eine laxere Einstellung. Deswegen ist die hohe Staatsquote in Deutschland, wo über 50% des Volkseinkommens von den Politikern erst beschlagnahmt und dann wieder herausgegeben werden, schon schlimm genug.

Wenn das Geld aber in einem kaum nachvollziehbaren Prozeß vom deutschen Steuerzahler über die eigene Regierung an die Zentrale nach Brüssel wandert und von dort über eine Reihe von Stufen tropft, bis es irgendwo in Europa ankommt und versickert, dann muß der Verdampfungseffekt enorm sein. Und zwar selbst dann, wenn kein einziger Euro durch Betrug und Korruption abhanden käme.

Nur vier profitieren wirklich

Die wirklichen Profiteure der Umverteilung in Europa sind nur vier: Spanien, Griechenland, Portugal und Irland.

Finnland und Dänemark sind zwar Nettoempfänger, aber für sie bleibt so wenig hängen, daß sie genausogut darauf verzichten könnten. Das Problem ist nicht, daß sie zuviel oder zuwenig einzahlen oder herausbekommen – die Zahlungen ergeben keinen Sinn, weil sie sich gegenseitig aufheben.

Luxemburg, Italien, Österreich und Frankreich machen zwar ein Minus, aber auch dies ist so klein, daß es ihnen nicht wirklich weh tut. Frankreich ist unter dem Strich kein Gewinner! Da stellt sich wirklich die Frage, warum gerade Frankreich so sehr an diesem System hängt, daß es immer wieder den großen Krach mit Bonn riskiert. Denn aus Sicht der Franzosen ist der

EU-Haushalt fast ein Nullsummenspiel. Genauer: Er kostet Paris an die zwei Milliarden Mark.

Wie absurd dieser europäische Finanzausgleich ist, geht auch aus folgender Überlegung hervor: Wenn man die mittlere Gruppe der Länder, die weder viel profitieren noch viel abführen müssen, aus der Umverteilung ganz herausnähme, blieben nur drei Südstaaten und Irland übrig, für die sich das System wirklich lohnt.

Und am anderen Ende der Skala stünden kaum mehr als drei Staaten, die unter dem Finanzausgleich wirklich leiden. Vor allem Deutschland, das jedes Jahr 60% oder sogar etwas mehr des EU-Haushaltes netto aufbringt. Einer von 15.

Am einfachsten wäre es, Deutschland und die Niederlande würden die Milliarden direkt an Spanien, Griechenland und Portugal überweisen, und Großbritannien würde die Kosten der irischen Mitgliedschaft tragen. Man würde die Brüsseler Verwaltungskosten sparen, alles würde mit einem Schlag übersichtlicher.

Bilaterale Subventionen, also solche von Land zu Land, haben den Vorteil, ehrlicher zu sein. Wären solche direkten Zuschüsse in Europa auf Dauer vertretbar und akzeptabel? Natürlich nicht. Man würde sie nach einer Übergangsfrist im beiderseitigen Einvernehmen auslaufen lassen.

Und man würde eine simple Wahrheit entdecken: Die Südeuropäer waren in der EU nie benachteiligt, die Nordeuropäer nie bevorzugt. Es bedarf keiner Subventionen, um ein imaginäres Defizit an Gerechtigkeit auszugleichen. Liberalisierung, Zollabbau und Binnenmarkt kommen allen zugute. Subventionen, gleichviel ob auf nationaler oder europäischer Ebene, verzerren den Wettbewerb. Sie sind eine ordnungspolitische Sünde.

Die Macht

Seit den achtziger Jahren haben sich die Deutschen zunehmend damit abgefunden, daß sie nicht nur von den Politikern in Bonn, sondern auch von anonymen, hauptsächlich in Brüssel angesiedelten Behörden regiert werden.

»Europa«, wie diese Zusammenballung von Macht oft genannt wird, existiert. Aber kaum jemand weiß, in welcher Form. Die neue Obrigkeit bleibt im Schatten. Die Berufseuropäer sind gelegentlich im Fernsehen zu besichtigen, wie sie mit schweren Limousinen vor Konferenzgebäuden vorfahren, wie sie auf Pressekonferenzen mehr verschweigen als sagen, wie sie sich im Dienste Europas die Nächte um die Ohren schlagen.

Auch für den überdurchschnittlich gut informierten Bürger bleibt dabei im dunkeln, wer wofür zuständig ist, wer Regierung spielt, und wer die Gesetze macht, wer wen gewählt oder eingesetzt hat. Selbst über die genaue Bezeichnung dieses modernen Byzanz herrscht Ungewißheit: heißt es nun EU oder EG oder beides gleichzeitig?

Gewiß, das Ganze beruht auf völkerrechtlichen Verträgen, die von den nationalen Regierungen unterzeichnet, von den Parlamenten gebilligt und ordnungsgemäß ratifiziert wurden.

Aber da fängt das Problem schon an: Die Verträge sind ein Sammelsurium von nicht durchnumerierten Artikeln, die Numerierung wird immer wieder geändert, und man muß wirklich – um den *Economist* zu zitieren – Masochist sein, um etwa den Maastrichter oder den Amsterdamer Vertrag von A bis Z zu lesen.

Die Geschichte der europäischen Integration begann 1951 in Paris, mit der Gründung der Europäischen Gemeinschaft für Kohle und Stahl. »Wer nicht mehr frei über Energie und Stahl verfügt, kann keinen Krieg mehr erklären«, sagte damals der französische Außenminister Robert Schuman und meinte damit Deutschland.

Am Anfang der europäischen Zusammenarbeit stand nichts anderes als der Wunsch vor allem Frankreichs, das deutsche Wirtschaftpotential unter Kontrolle zu bekommen.

Am 1. Januar 1958 traten die Verträge von Rom in Kraft, die bis heute gelten. Zur Gemeinschaft für Kohle und Stahl, auch Montanunion genannt, kamen nun die Europäische Wirtschaftsgemeinschaft (EWG) und die Europäische Atomgemeinschaft (Euratom). Sechs Nationen bildeten den Kern der Zusammenarbeit: Frankreich, Deutschland, Italien und die drei Benelux-Staaten.

1967 wurden die Verwaltungen der drei bis dahin getrennten Gemeinschaften zusammengelegt. Die vereinigte EG-Kommission nahm ihre Arbeit auf.

Erst im Februar 1992 beschlossen die Staats- und Regierungschefs im holländischen Maastricht, nicht nur den Euro, sondern auch eine neue Sprachregelung einzuführen: aus den »Gemeinschaften« wurde jetzt – im Singular – die Europäische Gemeinschaft. Nicht mehr Gemeinschaften. Dazu wurde das bislang wichtigste Abkommen, das über die EWG, in EG-Vertrag umbenannt.

Der feine Unterschied zwischen EG und EU

Wenn Sie seit einiger Zeit in der Presse fast immer nur von der EU, der Europäischen Union lesen, lassen Sie sich bitte nicht täuschen. Die alte EG besteht weiter. Sie ist und bleibt der Inbegriff der europäischen Integration.

Fast die gesamte europäische Gesetzgebung beruht nach wie vor auf dem EG-Vertrag. Nicht die EU erläßt die Verordnungen und die Richtlinien, sondern die EG.

»EU« ist demgegenüber ein weiter, eher vager Begriff. In der EU arbeiten die Regierungen auch auf den Gebieten der Innen-, Justiz- und Außenpolitik zusammen – und zwar ohne Verzicht auf nationale Souveränität.

Gäbe es in Westeuropa nur diese Art von Kooperation, dann bräuchte man weder die Kommission noch ihren Apparat in Brüssel. Dann bräuchte man kein Gemeinschaftsrecht, das die Gesetzgebung in den Mitgliedstaaten überlagert. Dann wäre die EU vergleichbar mit anderen Staatengruppierungen in der Welt, z.B. mit der NATO.

Wenn sich Bürger über die Eurokraten ärgern, wenn vom Krümmungsgrad der Gurken und dem richtigen Durchmesser von Äpfeln die Rede ist, wenn es um Tiertransporte, Agrarsubventionen und den ganzen Dschungel von Vorschriften aus dem fernen Brüssel geht, dann ist immer die EG, nicht die EU gemeint. Denn nur der EG-Vertrag definiert die Entscheidungsverfahren, aus denen alle jene Rechtsakte hervorgehen, an die sich die Bürger genauso zu halten haben wie an ein vom Bundestag verabschiedetes Gesetz.

Und doch: Kaum war der Vertrag von Maastricht ratifiziert, sprachen die Medien unisono nur noch von der Europäischen Union. Tatsächlich gab es bei manchen Zeitungen Anweisung von oben, die Bezeichnung EG nicht mehr zu verwenden. EU klang besser. Europäische Union klang fast so gewichtig wie »Vereinigte Staaten von Amerika«. EU war nicht oder noch nicht negativ besetzt.

Dabei wurden in Maastricht am 7. Februar 1992 zwei Verträge geschlossen: die Neufassung des Vertrages zur Gründung der EG sowie ein Vertrag über die Europäische Union.

In der offiziellen Literatur wird es so dargestellt: Die Europäische Union – sie wird mit einem gemeinsamen Haus verglichen – ruht auf drei Säulen. Die erste Säule ist die EG mit der Brüsseler Kommission, mit ihrer Agrarpolitik, mit dem Binnenmarkt, mit den Richtlinien und Verordnungen. Es gibt demnach keine »EU-Kommission«, sie heißt vielmehr Europäische Kommission. Und sie ist zuständig für die erste Säule.

Die zweite Säule besteht aus der Gemeinsamen Außen- und Sicherheitspolitik (GASP), die dritte Säule aus der Justiz- und Innenpolitik. Hier arbeiten die Regierungen in den Bereichen Asyl, Grenzkontrollen, Kampf gegen Drogen und organisierte Kriminalität zusammen – oder versuchen es zumindest – und betreiben den Aufbau einer gemeinsamen Polizeibehörde namens Europol.

Ergo: Die Säulen zwei und drei stehen erst seit dem 1. November 1993, als der Vertrag von Maastricht in Kraft trat.

EG und EU werden manchmal synonym verwendet, wir müssen sie aber auch deswegen auseinanderhalten, weil sich unsere Kritik an der Brüsseler Bürokratie und am Demokratiedefizit – auch auf den folgenden Seiten – immer auf den EG-Bereich bezieht.

Gegen eine Zusammenarbeit in der Außen- und Innenpolitik ist schließlich nichts einzuwenden. Sie ist sogar ausdrücklich zu begrüßen. Denn die Völker Europas haben gemeinsame Interessen, die sie nicht zuletzt gegenüber den USA und Rußland vertreten müssen. Eine Rückkehr zur traditionellen Machtpolitik der Nationalstaaten wäre ein Desaster für den Kontinent.

Deswegen müssen wir aber kein Europa wollen, in dem die Demokratie Stück für Stück wegbricht, in dem Macht anonym und ohne klare Legitimation ausgeübt wird.

Ein Ermächtigungsgesetz, meint Lamprecht

»Demokratie ist«, sagte Abraham Lincoln 1863, »Regierung des Volkes durch das Volk für das Volk.«

Dem Ideal Lincolns waren die Deutschen, so schrieb Rolf Lamprecht, mit dem Grundgesetz, das 1999 50 Jahre alt wird, so nahe wie nie zuvor. Lamprecht hatte 30 Jahre lang für den *Spiegel* aus Karlsruhe, dem Sitz des Bundesverfassungsgerichtes, berichtet. Kaum im Ruhestand, mußte er beklagen: »Seit dem 1. Januar 1999 – mit der Einführung des Euro, der die Europäische Union besiegelt – sind sie davon weiter entfernt denn je.«[38] Nämlich vom Ideal Lincolns.

Demokratie und Rechtsstaat sind ohne saubere Gewaltentrennung nicht viel wert. Dazu gehören eine Legislative, die Gesetze einbringt und verabschiedet, eine Exekutive, die regiert und eine Judikative, die Recht spricht – wo nötig, auch gegen die Obrigkeit. Nur die Trennung der Gewalten kann Machtmißbrauch verhindern und die Freiheit schützen.

Mit Demokratie und Gewaltenteilung ist es in diesem EG-Europa schlecht bestellt. Würde die EG einen Aufnahmeantrag an die EU stellen, würde ihr Beitritt höchstwahrscheinlich abgelehnt.

Die EG würde in eine Gemeinschaft demokratischer Staaten nicht passen, weil ihre Exekutive (die Kommission nämlich) von keinem Volk und keinem Parlament gewählt wurde, weil die Legislative (das ist der Rat der Europäischen Union) aus Regierungsvertretern besteht, und weil das Europäische Parlament, das eigentlich Legislative sein müßte, nicht einmal das Recht hat, Gesetze einzubringen. Das darf nur die Kommission, deren Kompetenzen im Laufe der Zeit dramatisch ausgeweitet wurden. Europa wurde haarscharf an der Demokratie vorbei gebaut.

Verkehrte Welt. Die Macht in Brüssel ist demokratisch nicht legitimiert, der Bundestag wesentlicher Rechte beraubt, der EG-Vertrag – besonders nach seiner Fortschreibung in Maastricht – ein »Ermächtigungsgesetz«. Dies jedenfalls meint Lamprecht, der Experte für Verfassungsrecht.

Lamprechts Diagnose: »Tatsächlich ist das Rad der Geschichte, ohne daß ein Aufschrei zu hören gewesen wäre, zurückgedreht worden. Regieren zu dürfen, ohne sich dafür verantworten zu müssen, war bisher absoluten Herrschern und Diktatoren vorbehalten.«[39]

Im Zentrum: Die 20 Kommissare

Im Zentrum des Systems stehen die 20 Kommissare. Sie werden von den Regierungen ernannt und vom Europäischen Parlament bestätigt. Die fünf großen Mitgliedsländer sind mit je zwei, die übrigen mit je einem Kommissar vertreten. Sie sind, jedenfalls der Theorie nach, unabhängig und dürfen keine Weisungen entgegennehmen.

Die Kommission führt den Haushalt in eigener Verantwortung, sie entscheidet über Fusionen und Beihilfen an Unternehmen, sie kann hohe Bußgelder – selbst im dreistelligen Millionenbereich – verhängen, sie kann beim Europäischen Gerichtshof Klage gegen Mitgliedsländer erheben, die ihrer Meinung nach gegen den EG-Vertrag verstoßen oder EG-Gesetze verletzen. Die Kommission ist nicht nur die einzige Instanz in der EG mit Initiativrecht für Gesetze, sie kann auch selbständig Durchführungsbestimmungen und Verwaltungsvorschriften erlassen. Das tut sie vor allem im Bereich des Binnenmarktes und der Agrarpolitik.

In der Kommission die europäische Regierung zu sehen, ist nicht falsch, aber doch nur eingeschränkt richtig. Sie verwaltet viel, regiert jedoch nur in Teilbereichen. Sie kommandiert keine Armee und keine Polizei, sie kann keine Kriege führen und niemanden verhaften lassen. Aber sie besitzt reale Macht, weil sie sehr viel Geld zu verteilen hat, und weil sie mit Tausenden von Rechtsakten pro Jahr in das tägliche Leben von 370 Millionen Menschen eingreift. Die

Kommission ist durchaus die heimliche Regierung der EU. Ihr Aufbau entspricht der französischen Verwaltungsstruktur und läßt sich am besten in militärischen Kategorien erklären: Die 20 Kommissare muß man sich als Divisionskommandeure vorstellen, die Vorstände ihrer Kabinette als Stabschefs und die 24 Generaldirektionen als Brigaden, als die Kampftruppen.

Jeder Kommissar führt durch seinen Kabinettschef. Die beiden besprechen sich normalerweise einmal in der Woche. Der Kabinettschef wiederum schreibt Noten an die seinem Kommissar zugeordnete Generaldirektion und bittet diese zum Beispiel um die Ausarbeitung einer bestimmten Verordnung oder Richtlinie.

Sie sehen: Die Kleinarbeit der europäischen Gesetzgebung wird in den Generaldirektionen erledigt, wobei eine Generaldirektion auch mehr als einem Kommissar unterstehen kann.

Was Brüssel anordnet

Was in den Generaldirektionen ausgebrütet und zu Papier gebracht wird, läßt sich einteilen in Verordnungen, Richtlinien, Entscheidungen, Empfehlungen und Stellungnahmen – dies in der Reihenfolge des Gewichts, das die Maßnahmen haben.

Die »Verordnung« ist die stärkste Form der gemeinschaftlichen Rechtsetzung. Sie muß nicht erst noch in nationales Recht umgewandelt werden. Sie ist von allen Mitgliedern der EU unmittelbar anzuwenden. Konkret: Die Bundesbürger müssen sich Gesetzen beugen, an denen ihr frei gewähltes Parlament – der Bundestag – nicht beteiligt war.

Bei den »Richtlinien« handelt es sich um Gemeinschaftsgesetze, die erst noch in nationales Recht umgesetzt werden müssen. Das Ziel ist aus Brüssel vorgegeben, die nationalen Parlamente sind verpflichtet zu handeln. Meines Wissens kam es noch nie vor, daß der Bundestag eine Brüsseler Richtlinie abgelehnt oder nicht beachtet hätte. Allenfalls wurde die Umsetzung verschleppt. Dann kann die Kommission vor den Europäischen Gerichtshof gehen, um ein nationales Parlament zu zwingen, die angeordneten Beschlüsse zu fassen. Mehr noch: Wurde eine Brüsseler Richtlinie nicht rechtzeitig umgesetzt, kann der betroffene Bürger klagen – so, als sei sie bereits geltendes Recht.

»Entscheidungen«, die in Brüssel ergehen, sind ebenfalls verbindlich und können sich an Unternehmen, Regierungen und Privatpersonen richten.

»Empfehlungen« hingegen sind nicht verbindlich. Auf sie greift die Kommission dort zurück, wo sie nicht zuständig ist oder wo sich die Regierungen nicht einigen konnten. Empfehlungen gestatten manchmal einen Blick in die Zukunft: Sie lassen erkennen, was die Kommission tun würde, wenn sie könnte.

»Die Empfehlungen atmen den Geist der Kommission oft am unverfälschtesten«, meint dazu der frühere Brüsseler Kabinettschef Manfred Brunner.

Zusammen mit den ebenfalls nicht verbindlichen »Stellungnahmen« produziert Brüssel fast unvorstellbare Massen an Rechtsakten und anderen Maßnahmen – Umfang an die zwei Millionen Seiten im Jahr.

Eine bürokratische Großoffensive, vor der der Bundestag sang- und klanglos kapituliert hat. Nur noch Schall und Rauch ist die früher einmal von den Karlsruher Richtern postulierte »Wesentlichkeitstheorie«, wonach der Bundestag grundlegende Entscheidungen niemals anderen überlassen darf, sondern selbst treffen muß.

In welchem Umfang demokratische Rechte auf dem Altar

Europas geopfert wurden, geht auch aus einer Schätzung hervor, die von dem früheren Kommissionspräsidenten Jacques Delors, dem Vorgänger Santers, stammt. Delors meinte, daß fast 80% aller Wirtschaftsregeln und 50% aller übrigen Gesetze supranational gesteuert würden – ein Anhaltspunkt dafür, in welchem Ausmaß Regierung durch das Volk und für das Volk abgebaut wurde. Vom Bundestag und seinen Zuständigkeiten ist nur noch die Hälfte übrig!

Die Kommission, unabhängig?

Kein Zweifel, in der EU wurde über die Jahre hinweg viel Macht von den nationalen Hauptstädten nach Brüssel verlagert. Aber ist die Kommission wirklich unabhängig? Übt jemand hinter den Kulissen Einfluß aus?

Die offizielle Lesart lautet: Die Kommissare sind an Weisungen der Regierungen nicht gebunden. Sie haben nichts als das Wohl der Gemeinschaft im Auge. Sie sind die »Hüter« der europäischen Verträge.

Leider sieht die Wirklichkeit etwas anders aus. In Brüssel hat die Großindustrie, wie wir sehen werden, de facto erheblichen Einfluß. Und es existieren durchaus nationale Seilschaften, die sich an der langen Leine ihrer Regierungen bewegen – vor allem der französischen.

Der französischen Elite ist es nicht nur gelungen, die Brüsseler Bürokratie nach Pariser Vorbild zu gestalten, sie verfügt auch über Einwirkungsmöglichkeiten, von denen die braven Deutschen nur träumen können.

Daß sich der frühere Präsident Delors regelmäßig mit seiner Regierung in Paris kurzschloß, dort Bericht erstattete und sich Anregungen holte, ist weithin bekannt. Kaum herumgesprochen hat sich hingegen, was sich in Brüssel unterhalb der Ebene der Kommissare abspielt.

Es ist zum Beispiel nicht ungewöhnlich, daß die Brüsseler Kabinettschefs und die Generaldirektoren, sofern sie Franzosen sind, gleichzeitig den Vorsitz in französischen Regierungskommissionen führen. Eine sehr wirksame Form der Verzahnung von französischen und europäischen Interessen, durch die natürlich die »Unabhängigkeit« der Kommission zur Farce wird. Und eine Praxis, die bei den stets vornehm zurückhaltenden Deutschen undenkbar wäre.

Paris stellt auch immer wieder nationale Beamte nach Brüssel ab. Das tun andere auch, der Unterschied liegt allerdings in der Größenordnung. Nach der Wiedervereinigung Deutschlands wurden aus der französischen Hauptstadt an die hundert Beamte »herübergeschickt«. Sie hatten sich um die neuen Förderprogramme für den Ostblock, eine jetzt kritische Region der Weltpolitik, zu kümmern. Bis das Kanzleramt in Bonn gerade mal vier Beamte – auf Drängen eines deutschen Kabinettschefs – abstellte, vergingen Monate. Tatsache ist, daß der deutsche Einfluß auf die EG-Bürokratie nicht annähernd der Höhe der deutschen Zahlungen oder der Wirtschaftskraft des Landes entspricht.

Ein anderer Aspekt unsichtbarer Macht in Europa ist der Einfluß, den die großen Konzerne in Brüssel ausüben. Sie lassen eigene Leute als Praktikanten bei der Kommission arbeiten. Sie leihen den Generaldirektionen (kostenlos!) Mitarbeiter aus. Und es kommt sogar vor, daß die Unternehmen die Direktiven, von denen sie später betroffen sind, selbst schreiben. Wie praktisch.

Ohnehin gibt das, was die Kommission öffentlich tut und sagt, nur einen kleinen Teil des Bildes wieder. Man muß sich unter Brüssel ein Beziehungsgeflecht vorstellen, an dem 21 000 Bürokraten und 20 000 Lobbyisten beteiligt sind. Dazu kommt das Korps der Journalisten, von denen einige wenige furchtlos und unabhängig berichten, während die

Mehrzahl die offizielle Lesart vertritt oder sich manchmal sogar kaufen läßt.

Zu den Insidern muß man dann auch noch die Vertreter der nationalen Regierungen zählen, die mit ihren Stäben ständig in Brüssel präsent sind – und auch einige wirklich einflußreiche Abgeordnete des Europäischen Parlaments.

Wo die Elite speist

Wichtiger als die Arbeit in den Büros ist mitunter ihre Unterbrechung in den Restaurants und Bistros, von denen Brüssel 1800 zählt. Ab 13 Uhr sind die Amtsstuben verwaist. Dann sitzen Kommissare, Spitzenbeamte, Lobbyisten, Wirtschaftsführer und Politiker beim Essen. Zum Beispiel im *Maison du Cygne* an der Grand' Place, der nach Meinung von Jean Cocteau »schönsten Theaterkulisse der Welt«. Oder im *L'Ecailler du Palais Royal* in der Rue Bodenbroek, dem besten Fischlokal der Stadt. Manche halten es sogar für das beste der Welt.

Europas Elite hat natürlich auch ihre bevorzugten Hotels: das luxuriöse *Europa Brussels* in der Rue de la Loi, wo die Parlamentarier gerne absteigen; das traditionelle, zentral gelegene *Amigo*, Favorit deutscher Diplomaten; das *Conrad Brussels* und das *Hilton (beide Metro Louise)*, die ganz auf die Bedürfnisse der Euro-Lobbyisten eingestellt sind. Nicht von ungefähr hat Brüssel den höchsten Pro-Kopf-Verbrauch von Champagner auf der Welt.

Nicht vor drei Uhr nachmittags, manchmal auch erheblich später, finden die Mitglieder der Kommission, der Kabinette und der Generaldirektionen zurück an ihren Arbeitsplatz, um dann bis etwa zehn Uhr abends, gestärkt durch die ausgezeichnete belgische Küche, ihren nie endenden Aufgaben nachzugehen.

Daß Deals von Bedeutung mit Vorliebe beim Essen gemacht werden, hängt auch damit zusammen, daß in den Büros immer mit Spionen und Aufpassern gerechnet werden muß.

Die Novel Food Verordnung

Tanya Sperling hat in einer lesenswerten Diplomarbeit nachgezeichnet, wie ein besonders wichtiges und umstrittenes Europagesetz, eines von Zehntausenden, zustande kam: die Novel Food Verordnung.[40]
Wohl kein EG-Gesetz machte mehr Schlagzeilen, bis es nach vierjährigen Verhandlungen im Mai 1997 in Kraft trat. Es ging dabei um »neuartige Lebensmittel«, hauptsächlich um Zulassungsverfahren und Etikettierungsvorschriften für gentechnisch veränderte Produkte.
An der Formulierung waren neben der Kommission der Ministerrat der EU, das Parlament, die Industrie und die Handelsunternehmen beteiligt. Wie Tanya Sperling im Detail schildert, vertrat dabei das Parlament die Interessen der Verbraucher, die Kommission machte sich für die Industrie stark, die Vertreter der nationalen Regierungen bewegten sich dazwischen.
Am Ende stand ein Kompromiß, der weit von den ursprünglichen Forderungen des Parlaments entfernt war. Beschlossen wurde, daß gentechnisch veränderte Lebensmittel, die von normalen wissenschaftlich nicht unterscheidbar sind, nicht gekennzeichnet werden müssen. Als Begründung war zu hören: Man dürfe die Verbraucher nicht durch ein Übermaß an Information verwirren. Wie rücksichtsvoll.
Interessant dabei, wer an welchen Fäden zog. Die Vertreter der Lebensmittelindustrie versuchten nicht nur, die Kommission zu beeinflussen, sondern auch die Abgeordneten – diese

wurden zu »parlamentarischen Abenden« eingeladen. Die Kommission wiederum war bei den vorbereitenden Sitzungen des EU-Rates zugegen und bearbeitete dessen Beamte, obwohl eine Kommissionsbeteiligung bei solchen Sitzungen vertraglich nicht vorgesehen ist.

Die Novel Food Verordnung ist ein schönes Beispiel für mangelnde Transparenz und Mißachtung des Wählerwillens. Denn, wäre es nach der Mehrheit der Bürger gegangen, dann hätten alle gentechnisch manipulierten Lebensmittel gekennzeichnet werden müssen.

Tanya Sperling kam in ihrer Arbeit zu dem Schluß, daß das Organ »mit der geringsten demokratischen Legitimation« – die Kommission nämlich – die Verordnung ganz maßgeblich geprägt hat. »Die verbraucherunfreundliche Haltung der Kommission ist für mich umso erstaunlicher, als während des gesamten Verhandlungsverlaufs die Meinungen der Bürger in Umfragen festgestellt wurden und diese sicherlich auch der Kommission bekannt waren.«

Der Rat der Europäischen Union

Unweit vom alten Sitz der Kommission, der seit Jahren saniert und vom Asbest befreit wird, hat sich eine zweite, kleinere Bürokratie mit 2000 Mitarbeitern verschanzt: der Rat der Europäischen Union.

Er ist, zumindest in der Theorie, das wichtigste Organ der EU. Selbst Europaskeptiker, die sich die Kommission wegdenken könnten, würden ungern auf den Rat verzichten.

In der Presse liest man oft auch vom »Ministerrat«. Gemeint ist dasselbe. Genauer: der Rat wechselt je nach Bedarf seine Zusammensetzung. Mal zeigt er sich als Rat der Außenminister, mal mutiert er zum Rat der Landwirtschaftsminister, mal tagt er als Rat der Finanz- und Wirtschaftsminister. In dieser Gestalt wird er abgekürzt als »Ecofin« bezeichnet.

Weil in Brüssel alles ziemlich kompliziert ist, gibt es außer dem Rat der EU auch noch einen »Europäischen Rat«. Das ist nicht dasselbe!

Mit dem Europäischen Rat ist der EU-Gipfel gemeint, zu dem die Staats- und Regierungschefs halbjährlich mit großer Publicity für zwei bis drei Tage zusammentreffen – zuletzt im März 1999 in Berlin.

Ausgerichtet werden diese aufwendigen Konferenzen, bei denen Tausende von Polizisten im Einsatz sind, von dem Land, das gerade für ein halbes Jahr den Vorsitz der EU führt.

Im ersten Halbjahr 1999 war das Deutschland, dann kommt Finnland an die Reihe. Im Jahr 2000 folgen Portugal und Frankreich, danach Schweden und Belgien. Griechenland, das den Euro noch nicht eingeführt hat, darf im Jahr 2003 der Gemeinschaft der 15 vorstehen.

Zurück zum Rat der EU, der im Laufe der Zeit auf 21 verschiedene Räte angewachsen ist, die manchmal nebeneinander tagen – aber nicht alle gleichzeitig. Früher spielte der Rat der Außenminister die erste Geige, inzwischen gilt Ecofin, der Rat der Finanz- und Wirtschaftsminister, als besonders wichtig. Kein Wunder, denn in Brüssel dreht sich fast alles um das Geld, die Position Europas in der Welt rangiert an zweiter Stelle. Schließlich ist es der EU, die sicherheitspolitisch am Nabel der USA hängt, immer noch nicht gelungen, zur Großmacht heranzuwachsen.

Gelegentlich öffnet sich der Rat auch der Öffentlichkeit, um Transparenz vorzutäuschen, aber alle wichtigen Verhandlungen – darunter auch die Gesetzgebungsverfahren – laufen vertraulich ab.

Im Bundestag kann man oft Schulklassen auf der Tribüne sehen, die den Abgeordneten mehr oder weniger verständnislos zuschauen, wie sie sich streiten oder Gesetze machen. In Brüssel bleibt das gemeine Volk vor der Tür.

Völlig undenkbar, daß jemand zuhören dürfte, wenn zum Beispiel der geheimnisumwobene Währungsausschuß tagt. In ihm sitzen Vertreter der Notenbanken und der Finanzministerien. Nicht zu verachten sind auch der Ausschuß für Steuerfragen oder die Euro-11-Gruppe, die sich als Gegengewicht zur Europäischen Zentralbank etabliert hat.

20 Kommissare, 21 Ministerräte, viel Bürokratie und wenig Demokratie – es erinnert alles ein bißchen an das System und die Nomenklatura der untergegangenen Sowjetunion mit deren Kommissaren, Räten und dem sagenhaften Politbüro.

Natürlich darf man den Vergleich nicht zu weit treiben. Zwischen der SU und der EU lagen immer Welten, auch wenn ein Spötter nach dem Untergang des roten multinationalen Imperiums einmal behauptete, das Politbüro sei von Moskau nach Brüssel umgezogen.

Merkwürdig ist dennoch folgende Geschichte: 1994 traf sich der damalige Kommissionspräsident Delors mit einem Vertreter der russischen Regierung und äußerte sein Erstaunen darüber, daß Moskau das Rubel-Clearingsystem beseitigt hatte. Der Eurokrat rief aus: »Aber wie konnten Sie so etwas abschaffen, wo wir uns doch von ihrem System bei der Einführung des ECU inspirieren ließen. Unser ECU ist eine europäische Übernahme von dem, was Sie im Comecon taten.«[41]

Der ECU, die europäische Kunstwährung, wurde Anfang Januar 1999 eins zu eins in Euro umgestellt.

Mitspieler, Gegenspieler

Nachdem der EU-Rat lange Zeit ohne richtige Residenz auskommen und sich mit Räumlichkeiten bescheiden mußte, die seinem Status nicht entsprachen, baute er sich schließlich einen eigenen Palast an der Rue de la Loi. Er wurde am 29. Mai 1995 vom französischen Außenminister Hervé de Charette eingeweiht. Auf einem vier Hektar großen Gelände gelegen, besteht der nach dem Brabanter Humanisten Justus Lipsius benannte Bau aus zwei miteinander verbundenen Teilen: dem Konferenzzentrum, wo die Ministerräte, die Ausschüsse und Arbeitsgruppen tagen, und die Verwaltungsgebäude, in denen das Generalsekretariat des Rates arbeitet.

Im Vergleich zur Kommission, die derzeit in einem ziemlich schäbigen Beamtensilo haust, sind die 15 Regierungen richtig standesgemäß untergebracht. Mit dem Bezug des neuen Baus ist offenbar auch das Selbstbewußtsein gegenüber der krakenhaften Kommission gewachsen.

Neuerdings macht sich in Regierungskreisen ein gewisser Unmut darüber breit, »daß die Kommissare, die heimlichen Herrscher Europas, mehr und mehr in die Mitgliedstaaten hineinregieren könnten«.[42]

Die Regierungen mit ihrem Rat im Justus-Lipsius-Gebäude bilden jedenfalls ein willkommenes Gegengewicht zu den Kommissaren. Von Brüsseler Insidern ist sogar schon zu hören, die Kommission sei auf dem absteigenden Ast. Das ist etwas voreilig. Aber geschwächt ist sie nach den jüngsten Skandalen und nach den Iden des März 1999 allemal.

Oder sitzt die Kommission am Ende doch am längeren Hebel? Sie ist personell zehnmal so stark wie der Rat, sie hat weitreichende Befugnisse an sich gezogen, sie kennt die Wege des europäischen Labyrinths, und sie allein hat das Recht, Gesetze einzubringen. Es wäre wohl ein Fehler, ihren Machtwillen zu unterschätzen.

Sicherlich, auch das Parlament ist ein potentieller Gegenspieler dieser heimlichen Regierung. Es wird wie jede Organisation versuchen, seine Kompetenzen auszudehnen, auch auf Kosten der Kommission.

Seitdem der Amsterdamer Vertrag im Frühjahr 1999 in Kraft getreten ist, hat das Parlament mehr Rechte beim Gesetzgebungsverfahren. Es darf nicht nur Änderungsvorschläge machen, es kann sogar eine Vorlage mit absoluter Mehrheit ablehnen. Wenn Sie genau wissen möchten, wie die Prozedur vor sich geht, studieren Sie bitte die abgedruckte Grafik.[43]

Manches wurde verbessert, Fakt aber bleibt: Das Parlament kann keine Gesetze einbringen, es kann auch keine – das ist ebenso wichtig – abschaffen. Die Gesetzesinitiative liegt nach wie vor bei der Kommission. Und damit fehlt dem Europäischen Parlament ein wesentliches Recht, das Volksvertretern nun einmal zusteht.

Von einem Abgeordnetenhaus, das unter dem Mangel leidet, daß ein europäisches Volk nicht existiert, darf nicht zuviel erwartet werden. Es hat sich jedenfalls bisher im Zweifelsfall immer auf die Seite des Zentralismus geschlagen.

In diesem 626-köpfigen Gremium sitzt eine bunte Mischung aus Idealisten, Opportunisten, Kostgängern und knallharten Interessenvertretern. Da kann allzu viel demokratisches Ethos nicht aufkommen. Daß ein solches Parlament, ohne Rückhalt in einer homogenen europäischen Wählerschaft, die Kommission ernsthaft bedrohen und sie gar stürzen könnte, ist schwer vorstellbar.

Was soll man beispielsweise vom Europaabgeordneten der CDU, dem Kohl-Protegé Elmar Brok, halten? Er zählt in Brüssel zu den Schwergewichten, Schäuble nannte ihn den »Kenntnis- und Beziehungsreichen«.[44]

Der umtriebige Brok (»Ich bin ein Linker«) ist nicht nur gewählter Vertreter des deutschen Volkes in Straßburg und Brüssel, sondern auch noch fest angestellter Europa-Be-

74

Ablauf des Mitentscheidungsverfahrens nach dem Amsterdamer Vertrag

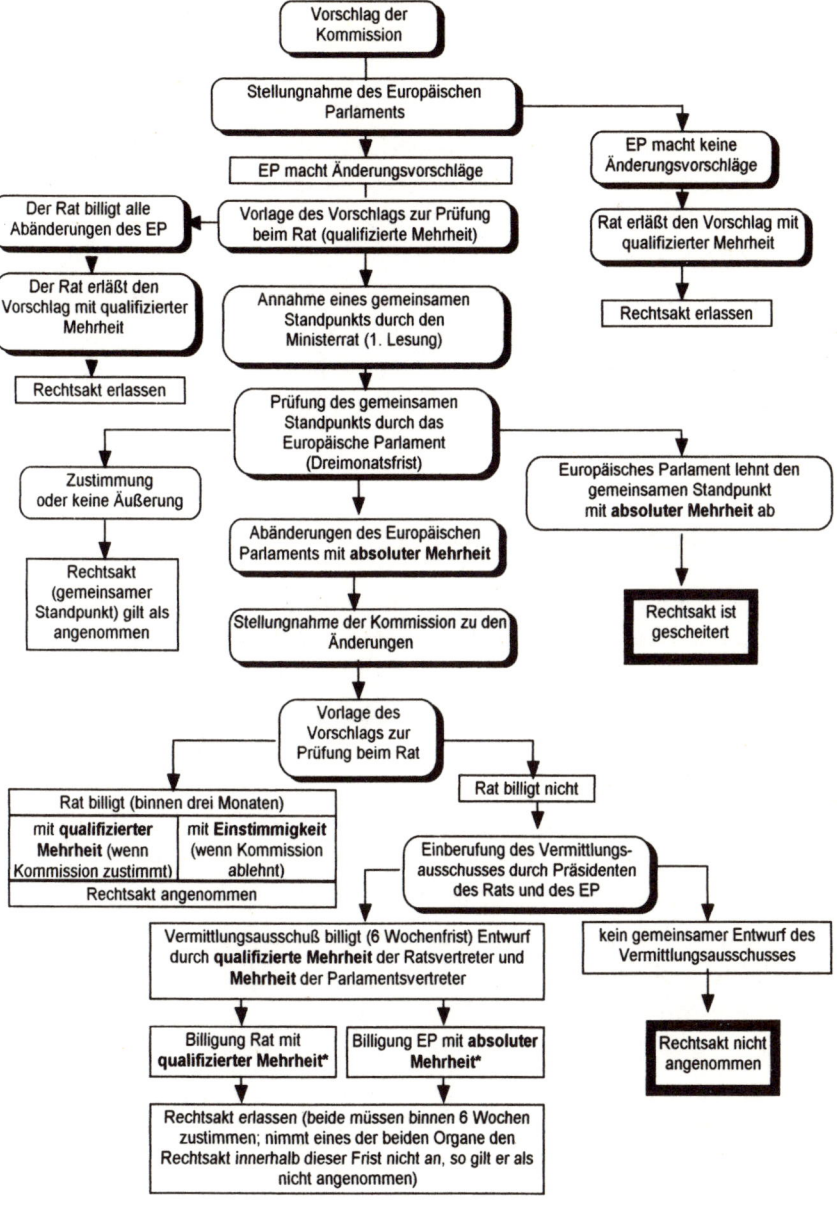

auftragter des Vorstandes der Bertelsmann AG. Mit Urlaubs-
anspruch, Sozialversicherung und Kündigungsfrist. In Brüssel leitet er das Lobby-Büro von Bertelsmann, in dem drei
Mitarbeiter beschäftigt sind.

Der Mediengigant aus Gütersloh macht 70% seines Umsatzes
in Europa und ist selbstverständlich aufs Höchste interessiert
daran, was in Brüssel geplant und beschlossen wird. Bertelsmann braucht ein gutes Verhältnis zur Kommission, und
Brok als Bertelsmann-Statthalter selbstverständlich auch. Er
hat zwar, beteuert Brok, bisher im Parlament weder medien-
politische Vorlagen eingebracht noch darüber abgestimmt,
aber in Wahrheit hat er das gar nicht nötig. Man muß naiv
sein, um nicht zu sehen, wie hier und anderswo die Interessen
ineinander greifen.

Geheimnisvolles Coreper

Nicht überschätzen sollte man den Einfluß der nationalen
Minister, von denen viele einmal in der Woche in Brüssel ein-
fliegen, zur Sitzung im Justus-Lipsius-Gebäude chauffiert
werden, um möglichst am selben Tag wieder in Richtung
Heimat zu entschwinden. Den Platzvorteil hat immer die
Kommission.

Der frühere britische Minster Alan Clark notierte dazu in
seinem Tagebuch, daß es für die Beschlüsse im EU-Rat oft
keine Rolle spiele, was die Minister vorzutragen hätten. Alles
Wesentliche sei längst vorab auf Beamtenebene im Ausschuß
der Ständigen Vertreter ausgehandelt worden.

Clark mokierte sich: »Die Minister erscheinen in letzter
Minute, erhitzt, ermüdet, krank oder betrunken oder manchmal alles zugleich, lesen ihren Beitrag ab und verschwinden
wieder.«[45]

Der von Clark erwähnte »Ausschuß der Ständigen Vertreter«,

von Insidern immer nur »Coreper« genannt, bildet ein weiteres geheimnisumwittertes Machtzentrum in der europäischen Metropole. Coreper steht für »Comité des Représentants Permanents«, das Komitee der Botschafter der 15 EU-Mitglieder in Brüssel.

Coreper ist kein offizielles EU-Organ, meidet Presse und Fernsehen wie der Teufel das Weihwasser, hat aber enormen Einfluß in der Hauptstadt. Im Coreper werden die Entscheidungen und die Gesetzesvorlagen für die Ministerräte vorbereitet und anschließend von diesen oft nur formal und ohne Diskussion abgezeichnet.

In Brüssel ist zu hören, daß bis zu 90% dessen, was die Minister im Rat beschließen, schon vorher von den Ständigen Vertretern abgeklärt wurde. Da der EU-Rat die Legislative darstellt und das Parlament nur mitentscheiden darf, könnte man die 15 grauen Eminenzen auch die heimlichen Gesetzgeber Europas nennen.

Nicht zuletzt sind sie dafür besorgt, daß die latenten Interessengegensätze und Spannungen zwischen den europäischen Mächten möglichst unter der Decke bleiben und entschärft werden, bevor sie wirklich gefährlich werden können.

Jeder vertritt sein eigenes Land, alle müssen kompromißfähig sein – die einen mehr, die anderen weniger. Der gemeinsame Nenner wird auch hier vorzugsweise in der Tafelrunde gesucht, ohne Mikrophone, ohne Protokollführer, ohne Übersetzer. Man spricht englisch oder französisch, nichts anderes.

Da ist der Franzose Pierre de Boissieu, dessen intellektuelle Souveränität manchmal an Arroganz grenzt – ein ferner Verwandter von Charles de Gaulle und eine der treibenden Kräfte hinter dem Maastrichter Vertrag.

Oder der deutsche Vertreter Dietrich von Kyaw aus einer

»Familie preußischer Junker«, wie die *Financial Times* anmerkte, die am Ende des Zweiten Weltkrieges in einem Pferdewagen vor der Roten Armee fliehen mußte.[46]

Nur halb im Scherz sagte von Kyaw einmal über seine delikate Rolle in Brüssel, zu Hause in Deutschland werde er nicht »Ständiger Vertreter« genannt, sondern »Ständiger Verräter«.

Wer in eine dieser streng vertraulichen Sitzungen von Coreper hineinhören könnte, würde jedenfalls nicht den Eindruck bekommen, Deutschland sei die Führungsmacht in Europa, wie der neue Außenminister Fischer gerne selbstgefällig behauptet.

Es ist aber nicht so, daß Coreper mächtiger als die Kommission wäre. Dafür ist die Rolle beider zu unterschiedlich. Die Kommission dominiert in Brüssel ohnehin das Detailgeschäft, und sie läßt es sich nicht nehmen, sogar in die Sitzungen von Coreper ihre Leute zu entsenden.

Die Bastionen der Macht in der EU-Metropole sind kunstvoll miteinander verwoben – ein hochkompliziertes Geflecht, das ohne den Kuhhandel hinter den Kulissen, ohne den Ausschluß der Öffentlichkeit, ohne die Ausschaltung des demokratischen Souveräns überhaupt nicht funktionieren könnte.

Wenn Deutschland die EU wäre

Rolf Lamprechts Befund, daß dieses Europa durch einen »Staatsstreich von oben« zustande gekommen ist, mag manchem übertrieben erscheinen. Daß er dennoch Recht hat, wird vielleicht anschaulicher, wenn wir die staats- und völkerrechtlich beispiellose Verfassung der EU (sie ist weder Staatenbund noch Bundesstaat) experimentell auf die Bundesrepublik Deutschland übertragen.

Dann gäbe es zwar immer noch ein Bundesparlament, aber seine Mitglieder würden nicht in gleicher Wahl bestimmt. Das Saarland wäre, proportional zu seiner Bevölkerung, um ein Vielfaches stärker repräsentiert als Nordrhein-Westfalen.

Dieses »Deutsche Parlament« hätte zwar das Recht, sich an der Gesetzgebung zu beteiligen, aber es dürfte Gesetze weder einbringen noch abschaffen. Im Parlament würde manchmal nach der geographischen Herkunft der Parlamentarier (Nord gegen Süd) abgestimmt, manchmal nach der parteipolitischen Färbung.

Die verfassungsrechtliche Rolle des Gesetzgebers würde von einem neuen »Rat der Deutschen Union« übernommen, in dem die Minister der 16 Bundesländer vertreten wären, die dort mit einfacher, absoluter oder qualifizierter Mehrheit abstimmen würden.

Die Bundesregierung wäre verschwunden. Ihre Aufgaben würden teils von einer demokratisch nicht legitimierten »Deutschen Kommission«, teils vom Rat der Deutschen Union wahrgenommen.

Im Hintergrund würden die in Bonn beziehungsweise Berlin akkreditierten Botschafter der 16 Bundesländer die Fäden ziehen.

Die Gesetze würden von der »Deutschen Kommission« ausgearbeitet und eingebracht und von den Länderparlamenten widerstandslos übernommen. Wenn nicht, würde die Kommission in Karlsruhe klagen. Die Gesetze könnten auch nicht durch Volksentscheide in Bayern abgelehnt werden – das wäre verboten.

Verhielte sich Stoiber unbotmäßig, würde er vor den Deutschen Gerichtshof gebracht, und die Richter würden in der Regel zu Gunsten der Kommission und der Deutschen Union (DU) entscheiden.

Die Union hätte selbstverständlich einen gemeinsamen Haushalt, er würde netto zu 60% von Nordrhein-Westfalen finanziert.

Ministerpräsident Stoiber hätte einen Sonderrabatt für Bayern ausgehandelt, müßte sich freilich als notorischer Deutschlandskeptiker von der Presse als »Antideutscher« beschimpfen lassen.

Wenn das alles so wäre, sprächen die Verfassungsrechtler von einem Demokratiedefizit. Die Zyniker würden nicht widersprechen, jedoch darauf hinweisen, daß sich im Vergleich zum alten Grundgesetz nichts Wesentliches geändert habe: Deutschland sei eigentlich nie eine richtige Demokratie gewesen, die Macht habe zwar die Etiketten gewechselt, liege aber wie ehedem bei den Parteien, den Politikern und Bürokraten.